HEBERTO PADILLA

POESÍA ROMÁNTICA INGLESA

Selección e Introducción: Gustavo Pérez Firmat

HEBERTO PADILLA

POESÍA
ROMÁNTICA
INGLESA

Selección e Introducción
Gustavo Pérez Firmat

Linden Lane Press / Colección Poesía

ISBN-13: 978-1725944107
ISBN-10: 1725944103

Linden Lane Press
P.O. Box 101582
Fort Worth, TX. 76185-1582

Índice

Heberto Padilla, traductor

Esas son las cosas de los escritores:
del horror pasamos a la literatura, a Keats.
Heberto Padilla

A principios de la década de los ochenta, poco después de arribar a Estados Unidos, Heberto Padilla hizo una lectura de sus poemas en Duke University. Conversando con él durante la recepción que le siguió, le mencioné que una de mis areas de especialización en los exámenes de doctorado había sido la poesía romántica inglesa. En el acto me recitó de memoria su traducción de "The Tyger" de William Blake. No se me ha olvidado ese momento. Era evidente que Padilla se sentía orgulloso de la manera en que había logrado trasladar al castellano el famoso poema de Blake. Entonces me contó que en Cuba había publicado una antología de poetas románticos ingleses. Busqué el libro en librerías y bibliotecas pero no lo encontré. A lo largo de los años, cada vez que se me ocurría, volvía a buscarlo, pero sin éxito. De bibliófilo tengo muy poco, pero con el tiempo conseguir el libro se convirtió en una sana obsesión.

Hace unos meses, al decirme un amigo que poseía un ejemplar que trajo de Cuba, reanudé mi búsqueda. Y gracias a la magia blanca del internet por fin di con un descabalado ejemplar en una librería de viejo en Connecticut. La condición del libro no me importaba. Lo que deseaba era poder leer la traducción de "El tigre" que Heberto me había recitado. Desde entonces la he vuelto a leer tantas veces que ahora soy yo quien casi la podría recitar de memoria.

De las actividades literarias de Padilla, la menos conocida es su labor como traductor. En su única novela, *En mi jardín pastan los héroes* (1981), uno de los dos protagonistas es escritor mientras que el otro es traductor. No es casualidad. Son las dos caras de su quehacer literario. Padilla practicó la traducción a lo largo de su carrera, a veces informalmente en conversaciones entre amigos o en trabajos periodísticos, a veces como parte de un proyecto de más envergadura. Políglota desde muy joven, tradujo del inglés, del francés, del alemán y del ruso. La época en

11

que con más asiduidad ejerció como traductor, aunque no por voluntad propia, fue la difícil década de los años setenta, cuando a raíz del "caso" que lo puso en prisión y desembocó en la autocrítica, trabajó para la Editorial Arte y Literatura como "simple traductor," la frase que usa en *La mala memoria* (1989) a propósito de Virgilio Piñera, quien trabajaba para la misma entidad. Aunque algunas nunca se publicaron, entre sus traducciones se encuentran obras de Bruno Apitz, Giorgi Karaslavov, Magnus Enzensberger, Vladimir Maiacovsky – y *Poesía romántica inglesa* (1979), que se aparta de las demás no sólo por concentrarse en autores de los siglos XVIII y XIX, sino por abarcar más de setenta poemas de doce poetas.

Padilla nunca ocultó su afición por la literatura en lengua inglesa. Cuenta en *La mala memoria* que durante su estadía en Nueva York en los años cincuenta, sus modelos eran Auden, T. S. Eliot y el Robert Lowell de *Life Studies*. Al recordar, en una de sus columnas para *El Nuevo Herald*, haber asistido a una concurrida lectura de T.S. Eliot en Columbia University, menciona que de adolescente repetía el verso inicial de *La tierra baldía*, "como quien se endroga" ("En el centenario de T.S. Eliot," septiembre 24, 1988). Años después, uno de los poemas de *El hombre junto al mar* (1981) aludiría a su arresto y encarcelamiento parodiando a Eliot: "Entre marzo y abril está mi mes más cruel."

Ya en *El justo tiempo humano* (1962), su primer poemario (Padilla no consideraba *Las rosas audaces*, un cuaderno que publicó a los diecisiete años, parte de su obra) hay un poema sobre Dylan Thomas y otro – tal vez el más extenso que escribió – sobre Blake, "Infancia de William Blake." Su poemario más conocido, *Fuera del juego* (1968), incluye un poema dedicado a Archibald McLeish, a quien Padilla había conocido en Nueva York, y otro en el que hace un guiño a "Musée des Beaux Arts" de Auden: "Los viejos poetas, los viejos maestros." En "Postcard to USA," de *Provocaciones* (1973), le escribe a su madre que le guarde los grabados de Blake y el libro donde leía los "epitafios y epigramas" de Robert Burns. En *El hombre junto al mar* aparece "Los últimos recuerdos de Sir Walter Raleigh en la torre de Londres," así como "Wellington contempla en su jardín un retrato de Byron," dos poemas que se constituyen total o parcialmente, como monólogos dramáticos, un género popularizado por Robert Browning. El último poemario de Padilla, *A Fountain, A House of Stone* (1991), contendrá otro poema centrado en un poeta de lengua inglesa, "Recuerdo de Wallace Stevens en la Florida."

De aquí que, según apunta en uno de los poemas de *Fuera del juego*, sus amigos le reprocharan que su cultura era "inglesa." Su apego a la poesía en lengua inglesa no era, sin embargo, caprichoso. Como explicó en múltiples ocasiones, le servía de antídoto contra los excesos de la poesía española, afligida por el vicio del gongorismo. En "La aparición de Góngora," otro de los poemas de *El hombre junto al mar*, le reprocha al poeta cordobés el daño que le ha hecho a los poemas que él, Padilla, escribe:

> Yo no tengo parientes en Córdoba o Madrid
> Mis poemas ni siquiera están juntos
> A veces los restriego para que centelleen
> pero siguen trabados en tu lengua
> siempre cubiertos por tu polvareda.

La manera de desempolvar, de destrabar su escritura era frecuentar poetas como Auden y Lowell, quienes le mostraban el camino hacia una poesía que fuera, como dice en *Fuera del juego*, más directa que un objeto. No es raro entonces que un poeta tan marcado por la poesía inglesa y norteamericana se interesara en traducirla. Pero sí llama la atención que su proyecto más ambicioso como traductor versara sobre poetas cuya manera de entender la poesía, por mucho que se aparte del gongorismo, distaba de la suya.

No hay duda que los años que van desde la aparición de *Songs of Innocence* en 1789 hasta la muerte de Byron en 1824 representan una de las cumbres de la poesía europea. Asimismo, su continuada vigencia demuestra su afinidad con la sensibilidad de nuestro tiempo. No obstante, difícilmente podría demostrarse la raigambre romántica de la poesía de Padilla. En la poesía romántica hay zonas de sencillez, por supuesto. En el prefacio a la segunda edición de *Lyrical Ballads* (1800), Wordsworth explica que se ha propuesto descartar la artificialidad de la dicción neoclásica en favor del "verdadero lenguaje de los hombres." Pero a dos siglos de distancia el registro lingüístico de los poemas de *Lyrical Ballads*, aún los menos elaborados, tiene poco que ver con el coloquialismo de Padilla. Y la austeridad que Padilla atribuye a la literatura inglesa difícilmente podría predicarse de las odas de Keats o de los extensos poemas narrativos de Byron. Por otra parte, el culto a la naturaleza de poetas como Keats y Wordsworth tiene pocos ecos en la obra de Padilla, que siempre fue un poeta urbano, alguien que se movía entre ciudades y no entre mares y montañas.

Otros rasgos del romanticismo – el helenismo, el medievalismo, el trascendentalismo, el gusto por lo monumental, el uso de lo que Ruskin llamó "la falacia patética" – tampoco aparecen en la obra de Padilla. El concepto del poeta como visionario, tan caro a Blake y a Shelley, está reñido con el escepticismo de Padilla, para quien el poeta, en vez de afirmar, cuestiona, cavila, encuentra siempre algo que objetar. Mucha más afinidad existe entre los libros proféticos de Blake y la poesía de Lezama Lima, cuyos poemas Padilla criticó por su hermetismo, que entre Blake y Padilla. Si Shelley en su defensa de la poesía (*A Defense of Poetry,* 1821) le otorga a los poetas el papel de "ignorados legisladores del mundo," Padilla los sitúa al margen, desde donde observan el decurso implacable de la historia.

De aquí que traducir la poesía romántica inglesa haya representado un desafío singular para Padilla. Además del número y la diversidad de los poemas, tuvo que superar la dificultad de emplear un lenguaje y ocuparse de temas que le eran extraños. Padilla era consciente del reto que tenía delante. En otra de sus colaboraciones para *El Nuevo Herald* ("El vaticinio de la posteridad," febrero 8, 1986), describe así la génesis de uno de los poemas del libro:

> Hace algunos años, obligado por mi trabajo en un editorial cubana a traducir una antología de poesía romántica inglesa, tuve que asumir el reto de poner en castellano la inmortal "Elegy Written in a Country Church Yard," es decir, "Elegía escrita en un cementerio de campo." La pensé tantas veces, me acerqué a ella de tantas formas, me invadió con tal fuerza que estuve semanas y semanas sin poder apresarla. Aquel texto me sobrecogía con sus más de doscientos años de haber sido escrito. Era una forma, un vigor, un equilibrio conquistado a fuerza de severo ejercicio intelectual. Hasta que una noche de invierno tropical decidí que yo sería el intermediario entre aquel gran poeta inglés y mi lengua.

Pero la antología, además de un reto, fue también una oportunidad. La oportunidad de ser otro poeta, de escribir poemas ajenos, en los dos sentidos: de otros poetas y distintos de los suyos. Si Padilla actuó de intermediario entre Gray y la lengua española, Gray y los demás poetas en la antología actuaron de intermediarios entre Padilla y otro modo de acercarse a la poesía. Lo cual quiere decir que es en *Poesía romántica inglesa* donde Padilla está verdaderamente "fuera del juego," aislado del acontecer personal y político que le tocó vivir. Padilla era demasiado inteligente para no darse cuenta de que al escribir los poemas de *Fuera del juego* no hacía más que entrar en el juego de otra manera, como lo demuestra la triste secuela de sucesos en que desembocó la publicación del libro. El que está de veras fuera del juego no lo proclama. Sencillamente hace otra cosa. Esa otra cosa es *Poesía romántica inglesa*. Lo cual no impide, desde luego, que algunos de los textos en la antología — como "El tejón" de John Clare, por ejemplo — reflejen la precaria situación de Padilla durante esos años.

Dada la mínima difusión del libro, *Poesía romántica inglesa* ha dejado pocas huellas en la literatura cubana. Existe una notable excepción: *Boarding Home* (1987) de Guillermo Rosales, a quien Padilla le dedicó un conmovedor tributo póstumo en las páginas de *El Nuevo Herald* ("Las consecuencias de la soledad," 10 de julio, 1993). La novela, una de las más significativas producidas por el exilio cubano, está narrada en primera persona por William Figueras. Abandonado por sus familiares, quienes no pueden o quieren lidiar con un "loco," William vive con otros enfermos mentales en un sórdido asilo de la Pequeña Habana. A pesar de su nombre, el "boarding home" es todo menos hogareño. Los empleados golpean a los residentes, abusan de ellos, les roban el dinero y las pertenencias. William, quien oscila entre accesos de locura y episodios de lucidez, se enamora de Francis, una joven recién llegada al home. Hacen planes para escapar, pero el intento fracasa cuando los familiares de la joven la sacan del asilo. Al final de la novela William, quien ha adquirido los hábitos sádicos de los empleados, azota con un cinturón a otro de los enfermos.

Si William sólo se dedicara a describir el pequeño infierno del asilo, es posible que la novela resultara tan opresiva como el propio asilo. Pero la narración contiene un resquicio, una apertura por la cual William puede asomarse y respirar. Se trata de un libro que William trae consigo al asilo. Ese libro es *Poesía romántica inglesa*. Aunque William no puede huir, la lectura del libro le permite evadirse. A lo largo de la novela se intercalan citas de varios poemas, todos en las versiones de Padilla: "La rima del viejo marinero" (Coleridge), "El día que cumplí treinta y seis años"

(Byron), "La víspera de Santa Inés" (Keats), "Escrito en el manicomio del condado de Northampton" (John Clare) y "El cordero" y los "Proverbios del infierno" de Blake. Algunos de los poemas, como el de Clare, glosan la situación de William. Pero otros lo trasladan otro lugar, a un refugio más allá del asilo, al introducir en el libro un registro afectivo que contrasta con la descarnada prosa de la narración. William oye voces. En las citas de la antología también oye voces, pero son voces que hacen la ordalía más inteligible y llevadera.

Padilla realizó las traducciones de *Poesía romántica inglesa* en otro tipo de reclusión: un largo confinamiento domiciliario, casi diez años de privaciones materiales y humanas. En la misma columna de *El Nuevo Herald* donde comenta la "Elegía" de Gray, señala que traducciones fueron "producto de la desesperación." Producto, sí, pero tal vez, a la vez, paliativo: del horror a la literatura, a Keats. Me imagino a Heberto en el apartamento en Marianao que compartía con su esposa y su hijo. Allí, visitado por los pocos amigos que se atrevían y vigilado por los enemigos fieles de la Seguridad de Estado, se entrega a la tarea de verter al español poemas que nada tienen que ver con su maldita circunstancia, que le permiten emigrar, aunque transitoriamente, a otro mundo, en el cual podía ejercer una libertad de expresión que la dictadura castrista vedaba. Si uno de los momentos más firmes de la poesía de Padilla es *Fuera del juego*, otro es *Poesía romántica inglesa*.

El libro se publicó en septiembre de 1979, pocos meses antes de la salida de Padilla de Cuba. La introducción y selección de poemas estuvo a cargo de María Eugenia Rodríguez. La introducción, que consta de casi treinta páginas, esboza la esperada interpretación marxista del romanticismo inglés: una "revolución literaria" que responde a la crisis del sistema capitalista. Para entonces los estudios del romanticismo ya contaban con aportaciones de figuras como Arthur O. Lovejoy, René Wellek, M. H. Abrams, Harold Bloom y Geoffrey Hartman, entre otros, pero Rodríguez parece desconocerlos. En su lugar figuran Christopher Caudwell y Mirta Aguirre. Dada la decretada invisibilidad de Padilla, Rodríguez en ningún momento menciona su nombre ni alude a las traducciones. El nombre del traductor aparece sólo en la página legal, en letras pequeñas, junto al de las personas responsables por el diseño y la edición. Aunque la antología ofrece una muestra representativa de los principales poetas románticos, la selección de poemas, también hecha por Rodríguez, refleja la postura ideológica de la autora de la

16

introducción. Incluye "La canción de la camisa" de Thomas Hood, un poeta muy menor, sobre las miserables condiciones de trabajo de una costurera, y "La canción de los de abajo" de Ernest Jones, de ninguna importancia como poeta pero conocido por su actividades políticas en favor de "los de abajo."

Poesía romántica inglesa no agota, por cierto, las traducciones de poesía realizadas por Padilla. También tradujo poemarios de Saint-John Perse, René Depestre, Yevgueni Yevtushenko, Enzensberger y Vladimir Maiacovski. Pero no creo que ninguno de estos haya supuesto tan intensa labor de creación y recreación como *Poesía romántica inglesa*. La traducción de una novela es siempre otra novela, mala o buena según el caso, mas la traducción de un poema no siempre es poesía. Padilla podría haberse limitado a hacer una versión del significado de los poemas sin preocuparse por la forma. Y así se hizo en muchos casos. Pero en el volumen también se encuentran textos en los que Padilla se propuso algo más difícil: elaborar versiones que se correspondan con el original en forma y fondo.

Son dos conceptos distintos de la tarea del traductor. En el caso del primer grupo de traducciones, se trata esencialmente de prosificaciones que respetan las pausas versales. Padilla funge como traductor, su ocupación en el Instituto del Libro. En el otro, al traductor se suma el poeta, que trabaja con igual aplicación sobre contenido y continente. A veces Padilla reproduce el patrón de rima del dechado, como en "El tigre" de Blake; otras veces desecha la rima pero adopta (más bien, adapta) la forma estrófica, como en "A una alondra" de Keats; y otras más traduce el poema acudiendo a un modelo métrico propio de la poesía en lengua española, como en "La segadora solitaria" de Wordsworth, donde la "balada" de Wordsworth se recrea en octosílabos cercanos al romance. No deja de impresionar la soltura con que un poeta que práctico el verso libre casi exclusivamente traslada al español versos con rima y medida.

La modesta selección que sigue – una cuarta parte de los poemas en la edición cubana – incluye las traducciones que más claramente muestran la colaboración entre el ingenio del traductor y el talento del poeta. De ellas podría decirse lo que el propio Padilla, en *La mala memoria*, señala a propósito de las versiones de poetas americanos realizadas por Eugenio Florit: "traducciones espléndidas de esas que pueden disfrutarse como obras en nuestra lengua."

Gustavo Pérez Firmat

17

THOMAS GRAY
(1716 -1771)

ELEGÍA ESCRITA EN UN CEMENTERIO DE CAMPO

Mugiendo cruza ya el rebaño el prado
al doble por el día moribundo,
el labrador regresa fatigado
y a las sombras y a mí nos deja el mundo.

Ahora el paisaje empieza a declinar
y en solemne quietud queda el instante,
salvo el zumbar del grillo, el tintinear
soñoliento de una esquila distante.

Salvo el oscuro búho que se queja
en la hiedra que cubre el campanario,
porque la lumbre que la luna deja,
turba su antiguo reino solitario.

Bajo esos olmos y tejos que dan
sombra al césped y a túmulos, metidos
cada cual en su estrecha celda, ahí están:
rudos abuelos de la aldea dormidos.

El fresco incienso vivo al alborear,
la golondrina que gorjea en los techos,
el clarín del gallo, el cuerno al resonar
no los alzarán de sus pobres lechos.

Jamás ya el fuego del hogar tendrán,
ni de la esposa su mejor cuidado,
ni al regreso los niños saltarán
a sus rodillas por el beso amado.

¡Cuántas cosechas bajo la hoz cedieron!
¡Cuántos tercos terrones trituraron!
¡Con qué alegría hacia los campos fueron!
¡Cuántos bosques sus golpes derribaron!

No ría la Ambición de la afanosa
vida hogareña, sencilla, ni así obre
la Grandeza, oyendo desdeñosa

ELEGY WRITTEN IN A COUNTRY CHURCH YARD

The curfew tolls the knell of parting day,
The lowing herd wind slowly o'er the lea,
The plowman homeward plods his weary way,
And leaves the world to darkness and to me.

Now fades the glimm'ring landscape on the sight,
And all the air a solemn stillness holds,
Save where the beetle wheels his droning flight,
And drowsy tinklings lull the distant folds;

Save that from yonder ivy-mantled tow'r
The moping owl does to the moon complain
Of such, as wand'ring near her secret bow'r,
Molest her ancient solitary reign.

Beneath those rugged elms, that yew-tree's shade,
Where heaves the turf in many a mould'ring heap,
Each in his narrow cell for ever laid,
The rude forefathers of the hamlet sleep.

The breezy call of incense-breathing Morn,
The swallow twitt'ring from the straw-built shed,
The cock's shrill clarion, or the echoing horn,
No more shall rouse them from their lowly bed.

For them no more the blazing hearth shall burn,
Or busy housewife ply her evening care:
No children run to lisp their sire's return,
Or climb his knees the envied kiss to share.

Oft did the harvest to their sickle yield,
Their furrow off the stubborn glebe has broke;
How jocund did they drive their team afield!
How bow'd the woods beneath their sturdy stroke!

Let not Ambition mock their useful toil,
Their homely joys, and destiny obscure;
Nor Grandeur hear with a disdainful smile

la breve y simple crónica del pobre.

Linajes y poder y cuanto es dable
de opulencia, nada hay que no sucumba
igualmente a la hora inevitable:
la senda de la Gloria da a una tumba.

Ni los culpéis vosotros, orgullosos,
si a su memoria aquí no hay monumento
bajo cuyos recintos espaciosos
el himno de alabanza se hincha al viento.

¿Pueden la urna o animado busto
devolver al aliento al cuerpo inerte?
¿Cómo dar vida al mudo polvo, y justo
halago al frío oído de la muerte?

Quizás fuera dejado aquí al misterio
un corazón de fuego iluminado,
manos que hubieran conducido imperios
o en la lira viviente deslumbrado.

Pero a sus ojos el Saber no abrió
el gran libro que el tiempo rico colma,
su noble rabia el hambre reprimió
y secó el fértil venero de su alma.

¡Cuántas joyas de pura luz serena
guardan los mares en su seno abierto!
¡Cuántas flores que nadie ve en la arena
dieron dulzura al aire del desierto!

Un rudo Hampden yace aquí, que echara
de su campo, indignado, a un tiranuelo;
un mudo Milton que ahora descansara,
un buen Cromwell que no manchó su suelo.

Arrancar el aplauso del Senado,
reírse de miserias y de enojos,
a un pueblo sonriente haber saciado,
leer la propia Historia en tantos ojos,

The short and simple annals of the poor.

The boast of heraldry, the pomp of pow'r,
And all that beauty, all that wealth e'er gave,
Awaits alike th' inevitable hour.
The paths of glory lead but to the grave.

Nor you, ye proud, impute to these the fault,
If Mem'ry o'er their tomb no trophies raise,
Where thro' the long-drawn aisle and fretted vault
The pealing anthem swells the note of praise.

Can storied urn or animated bust
Back to its mansion call the fleeting breath?
Can Honour's voice provoke the silent dust,
Or Flatt'ry soothe the dull cold ear of Death?

Perhaps in this neglected spot is laid
Some heart once pregnant with celestial fire;
Hands, that the rod of empire might have sway'd,
Or wak'd to ecstasy the living lyre.

But Knowledge to their eyes her ample page
Rich with the spoils of time did ne'er unroll;
Chill Penury repress'd their noble rage,
And froze the genial current of the soul.

Full many a gem of purest ray serene,
The dark unfathom'd caves of ocean bear:
Full many a flow'r is born to blush unseen,
And waste its sweetness on the desert air.

Some village-Hampden, that with dauntless breast
The little tyrant of his fields withstood;
Some mute inglorious Milton here may rest,
Some Cromwell guiltless of his country's blood.

Th' applause of list'ning senates to command,
The threats of pain and ruin to despise,
To scatter plenty o'er a smiling land,
And read their hist'ry in a nation's eyes,

su suerte les vedó; y a un tiempo mismo
frenó virtudes, les negó maldad
para escalar a un trono de egoísmo
sordo a la queja de la humanidad.

Y les vedó la angustia de ocultar
la verdad que en el rubor acusa,
o a Orgullo y Lujo hacerles un altar
con el ardiente incienso de la Musa.

Lejos de locas y bajas contiendas,
sus sobrios deseos no se confundieron:
en el áspero valle de la vida
siempre la vía recta mantuvieron.

Mas para proteger sus sepulturas
del desdén, como recuerdos miro
torpes rimas, informes esculturas
que imploran el tributo de un suspiro.

Con nombre y edad, la fama y la elegía
logró la inculta Musa sustituir,
y en mucha cita sacra enseñaría
al moralista rústico a morir.

Pues, ¿a quién que condenen al olvido
como a este pobre ser lo han condenado
no ha de volverse hacia los goces idos,
no ha de mirar con ansias al pasado?

Un pecho amigo el alma en su partida,
lágrimas quieren los ojos cerrados;
aún en la tumba grita nuestra vida
y en el hueso los fuegos apagados.

Si de ti, que en memoria de la muerte
estas líneas sobre ellos nos dejaste,
alguien quisiera conocer la suerte,
movido del afecto que inspiraste,

tal vez le diga un viejo campesino:
"Lo vimos cada día de costumbre

Their lot forbade: nor circumscrib'd alone
Their growing virtues, but their crimes confin'd;
Forbade to wade through slaughter to a throne,
And shut the gates of mercy on mankind,

The struggling pangs of conscious truth to hide,
To quench the blushes of ingenuous shame,
Or heap the shrine of Luxury and Pride
With incense kindled at the Muse's flame.

Far from the madding crowd's ignoble strife,
Their sober wishes never learn'd to stray;
Along the cool sequester'd vale of life
They kept the noiseless tenor of their way.

Yet ev'n these bones from insult to protect,
Some frail memorial still erected nigh,
With uncouth rhymes and shapeless sculpture deck'd,
Implores the passing tribute of a sigh.

Their name, their years, spelt by th' unletter'd muse,
The place of fame and elegy supply:
And many a holy text around she strews,
That teach the rustic moralist to die.

For who to dumb Forgetfulness a prey,
This pleasing anxious being e'er resign'd,
Left the warm precincts of the cheerful day,
Nor cast one longing, ling'ring look behind?

On some fond breast the parting soul relies,
Some pious drops the closing eye requires;
Ev'n from the tomb the voice of Nature cries,
Ev'n in our ashes live their wonted fires.

For thee, who mindful of th' unhonour'd dead
Dost in these lines their artless tale relate;
If chance, by lonely Contemplation led,
Some kindred spirit shall inquire thy fate,

Haply some hoary-headed swain may say,
"Oft have we seen him at the peep of dawn

correr sobre el rocío del camino
por ver salir el sol desde la cumbre.

"Allí al pie de esa haya que recaba
de las torcidas raíces su estatura,
cerca del arroyuelo, se acostaba
a escudriñar la corriente pura.

"Y en aquel bosque, a veces sonriendo
con desdén de su vaga fantasía;
a veces triste y pálido o sufriendo
como herido de amor se le veía.

"Hasta que una mañana lo perdí
en su colina, junto a su árbol querido,
y al día siguiente al arroyuelo fui
y a prado y bosque, y él seguía perdido.

"Y al otro, envuelto en fúnebre oración,
de nuestra iglesia atravesó el camino.
Ven y lee (porque puedes) la inscripción
grabada en piedra bajo el viejo espino."

Brushing with hasty steps the dews away
To meet the sun upon the upland lawn.

"There at the foot of yonder nodding beech
That wreathes its old fantastic roots so high,
His listless length at noontide would he stretch,
And pore upon the brook that babbles by.

"Hard by yon wood, now smiling as in scorn,
Mutt'ring his wayward fancies he would rove,
Now drooping, woeful wan, like one forlorn,
Or craz'd with care, or cross'd in hopeless love.

"One morn I miss'd him on the custom'd hill,
Along the heath and near his fav'rite tree;
Another came; nor yet beside the rill,
Nor up the lawn, nor at the wood was he;

"The next with dirges due in sad array
Slow thro' the church-way path we saw him borne.
Approach and read (for thou canst read) the lay,
Grav'd on the stone beneath yon aged thorn."

EL EPITAFIO

Aquí reposa un joven que Fortuna
ni Fama en su existencia conoció.
La Ciencia no negó su pobre cuna
y la Melancolía lo marcó.

Por cuanto noble y generoso existe,
un premio celestial llevó consigo;
cuanto tuvo, una lágrima, dio al triste,
y Dios (no quiso más) le dio un amigo.

Ni méritos ni faltas que existieran
en ellos busques en su sitio atroz,
que aquí igualmente, trémulos, esperan
el pecho de su Padre y de su Dios.

THE EPITAPH

Here rests his head upon the lap of Earth
A youth to Fortune and to Fame unknown.
Fair Science frown'd not on his humble birth,
And Melancholy mark'd him for her own.

Large was his bounty, and his soul sincere,
Heav'n did a recompense as largely send:
He gave to Mis'ry all he had, a tear,
He gain'd from Heav'n ('twas all he wish'd) a friend.

No farther seek his merits to disclose,
Or draw his frailties from their dread abode,
(There they alike in trembling hope repose)
The bosom of his Father and his God.

(1750)

ROBERT BURNS
(1759-1796)

UNA ROSA ROJA, ROJA

Mi amor es una rosa roja, roja
　　　que junio hizo brotar.
Mi amor es cual la melodía
　　　de un dulce cantar.

Eres tan bella, alegre chiquilla,
　　　tan hondo mi amor es,
que aunque sequen los mares, todavía
　　　amor, yo te amaré.

Aunque sequen los mares, niña mía,
　　　y las rocas se derritan con el sol,
mientras corra la arena de la vida
　　　habré de amarte yo.

Ahora te digo adiós, mi único amor,
　　　por poco tiempo, adiós.
Y aunque haya diez mil millas de distancia,
　　　yo volveré, mi amor.

A RED, RED ROSE

O my Luve is like a red, red rose
    That's newly sprung in June;
O my Luve is like the melodie
    That's sweetly played in tune.

So fair art thou, my bonnie lass,
    So deep in luve am I;
And I will luve thee still, my dear,
    Till a' the seas gang dry.

Till a' the seas gang dry, my dear,
    And the rocks melt wi' the sun;
I will love thee still, my dear,
    While the sands o' life shall run.

And fare thee weel, my only luve!
    And fare thee weel awhile!
And I will come again, my luve,
    Tho' it were ten thousand mile.

(1796)

A UN RATÓN

Al descubrir su nido con el arado, noviembre de 1785

Mínimo, suave, medroso animalito,
¡oh qué terror habrá en tu corazoncito!
No tenías que escaparte, pobrecito,
   con tanta agitación.
Odiaría darte caza, ratoncito,
   con el cruel azadón.

Me apena tanto que el hombre destruyera
el orden natural del mundo en que naciera
y tenga esa horrible fama que te hiciera
   ante mí temblar,
un pobre compañero, como otro cualquiera,
   tu prójimo mortal.

No dudo que a veces tengas que robar,
pobre, ¿y qué?, te debes también alimentar,
del granero acaso un grano ha de faltar,
   bastante poco es.
Con lo que sobre bien me puedo alegrar;
   aquél ni lo noté.

Ahora también está en ruinas tu casita.
El fuerte viento sus paredes agita.
No importa, te haces la otra que necesitas
   con fuerte y buena yerba,
pues ya diciembre su racha precipita,
   afilada y acerba.

Viste los campos yermos y desolados,
al tedioso invierno entrando apresurado,
y aquí, bajo las ráfagas, bien echado
   te pensabas quedar
hasta que ¡zas! el filo cruel del arado
   atravesó tu hogar.

De ese montoncito de hojas y yerbajos
que te costó roer con mucho más trabajo,

34

TO A MOUSE

On Turning up in Her Nest with the Plough, November, 1785

Wee, sleekit, cow'rin', tim'rous beastie,
O, what a panic's in thy breastie!
Thou need na start awa' sae hasty,
    Wi' bickering brattle!
I wad be laith to rin an' chase thee
    Wi' murd'ring pattle!

I'm truly sorry Man's dominion
Has broken Nature's social union,
An' justifies that ill opinion,
    Which makes thee startle
At me, thy poor, earthborn companion,
    An' fellow-mortal!

I doubt na, whyles, but thou may thieve;
What then? poor beastie, thou maun live!
A daimen-icker in a thrave
    'S a sma' request:
I'll get a blessin' wi' the lave,
    An' never miss't!

Thy wee bit housie, too, in ruin!
It's silly wa's the win's are strewin'!
An' naething, now, to big a new ane,
    O' foggage green!
An' bleak December's winds ensuin',
    Baith snell an' keen!

Thou saw the fields laid bare an' waste,
An' weary Winter comin' fast,
An' cozie here, beneath the blast,
    Thou thought to dwell,
Till crash! the cruel coulter past
    Out thro' thy cell.

That wee-bit heap o' leaves an' stibble
Has cost thee monie a weary nibble!

de repente fuiste arrancado de cuajo,
      y hoy triste y sin morada
tienes que resistir bajo la lluvia y bajo
      la cellisca y la helada.

Mas tú no estás solo con tus desazones.
De hecho, pueden ser vanas las previsiones:
los mejores planes de hombres y ratones
      suelen fracasar,
y no dejan más que penas y aflicciones
      de dichas por lograr.

Y aun comparado a mí eres afortunado,
pues a ti sólo el presente te ha tocado,
y yo ¡ay! si vuelvo los ojos al pasado
      veo trazas de dolor,
y aunque no puedo ver el futuro ignorado,
      lo intuyo con temor.

Now thou's turn'd out, for a' thy trouble,
    But house or hald,
To thole the Winter's sleety dribble,
    An' cranreuch cauld!

But Mousie, thou art no thy-lane,
In proving foresight may be vain:
The best laid schemes o' Mice an' Men
    Gang aft a-gley,
An' lea'e us nought but grief an' pain,
    For promis'd joy!

Still, thou art blest, compar'd wi' me!
The present only toucheth thee:
But och! I backward cast my e'e,
    On prospects drear!
An' forward tho' I canna see,
    I guess an' fear!

(1786)

WILLIAM BLAKE
(1757-1827)

EL DESHOLLINADOR

Yo era muy niño cuando mi madre murió,
y cuando apenas podía balbucir un "lim...
...limpiar...impiar" mi padre me vendió.
Limpio hoy tu chimenea y duermo en el hollín.

El pequeño Tom Dacre, de cabeza rizada
como una oveja, lloró cuando le fue rapada.
"No importa, Tom – le dije yo para consolar –,
ya el hollín tu pelo no podrá tiznar."

Tom quedó tranquilo y al fin se durmió
y esa misma noche fue tal lo que vio:
Deshollinadores – Jacks, Dicks, – multitudes,
encerrados todos en negros ataúdes.

Y un ángel con radiante llave apareció
y abrió los sarcófagos y los liberó.
Entonces al prado se fueron saltando
y riendo en el río, bajo el sol brillando.

Y blancos, desnudos, sus bolsos dejaron,
y encima de nubes, al viento, jugaron.
Y a Tom pidió el Ángel buen comportamiento
para que así fuera hijo de Dios, y contento.

Despertóse Tom y a oscuras nos vestimos.
Con bolsos y cepillos a trabajar fuimos.
Y Tom jadeaba alegre al frío amanecer.
Si el deber se cumple a nada hay que temer.

THE CHIMNEY SWEEPER

When my mother died I was very young,
And my father sold me while yet my tongue
Could scarcely cry "'weep! 'weep! 'weep! 'weep!"
So your chimneys I sweep, & in soot I sleep.

There's little Tom Dacre, who cried when his head
That curl'd like a lamb's back, was shav'd, so I said,
"Hush, Tom! never mind it, for when your head's bare,
You know that the soot cannot spoil your white hair."

And so he was quiet, & that very night,
As Tom was a-sleeping he had such a sight!
That thousands of sweepers, Dick, Joe, Ned, & Jack,
Were all of them lock'd up in coffins of black;

And by came an Angel who had a bright key,
And he open'd the coffins & set them all free;
Then down a green plain, leaping, laughing they run,
And wash in a river and shine in the Sun.

Then naked & white, all their bags left behind,
They rise upon clouds, and sport in the wind.
And the Angel told Tom, if he'd be a good boy,
He'd have God for his father & never want joy.

And so Tom awoke; and we rose in the dark
And got with our bags & our brushes to work.
Tho' the morning was cold, Tom was happy & warm;
So if all do their duty, they need not fear harm.

(1789)

El CORDERO

¿Quién te creó, corderito?
¿Sabes tú quién te creó?
¿Quién te dio vida y nutrió
en el arroyo y el prado,
te hizo el manto delicado
de lana blanca y la tierna
voz que a los valles alegra?
¿Quién te creó, corderito?
¿Sabes tú quien te creó?

Yo seré el que te lo diga,
corderito, seré yo.
A él lo llaman por tu nombre.
Se nombra él mismo cordero.
Es bondadoso y sencillo.
Se transformó en un chiquillo:
Yo un chiquillo y tú un cordero.
Y su nombre es de los dos.
Corderito, Dios te bendiga.
Corderito, te bendiga Dios.

THE LAMB

Little Lamb, who made thee?
Dost thou know who made thee?
Gave thee life, & bid thee feed.
By the stream & o'er the mead;
Gave thee clothing of delight,
Softest clothing, wooly, bright;
Gave thee such a tender voice,
Making all the vales rejoice?
Little Lamb, who made thee?
Dost thou know who made thee?

Little Lamb, I'll tell thee,
Little Lamb, I'll tell thee:
He is called by thy name,
For he calls himself a Lamb:
He is meek, & he is mild;
He became a little child.
I a child, & thou a lamb,
We are called by his name.
Little Lamb, God bless thee!
Little Lamb, God bless thee!

(1789)

EL TIGRE

¡Tigre! ¡Tigre! en la espesura
de la noche ardes, fulguras.
¿Qué ojo o mano eterna haría
tu terrible simetría?

¿En qué abismo o cielo ardió
el fuego en tu ojo? ¿Y osó
sobre qué alas él subir?
¿Qué mano osó el fuego asir?

¿Y qué hombro, qué mano o qué arte
pudo el corazón trenzarte
y, cuando latió, después
la atroz garra hizo en tus pies?

¿Qué martillo, qué cadena o
qué horno el seso te forjó?
¿Qué yunque, qué osado puño
su terror mortal ciñó?

Cuando los astros lanzaron
flechas y el cielo anegaron
de llanto, ¿ante su obra él sonrió?
¿Creó al cordero y te creó?

¡Tigre! ¡Tigre! en la espesura
de la noche ardes, fulguras.
¿Qué ojo o mano eterna urdía
tu terrible simetría?

THE TYGER

Tyger! Tyger! burning bright
In the forests of the night;
What immortal hand or eye,
Could frame thy fearful symmetry?

In what distant deeps or skies
Burnt the fire of thine eyes?
On what wings dare he aspire?
What the hand dare seize the fire?

And what shoulder, & what art,
Could twist the sinews of thy heart?
And when thy heart began to beat,
What dread hand? & what dread feet?

What the hammer? what the chain?
In what furnace was thy brain?
What the anvil? what dread grasp,
Dare its deadly terrors clasp?

When the stars threw down their spears,
And water'd heaven with their tears:
Did he smile his work to see?
Did he who made the Lamb make thee?

Tyger! Tyger! burning bright
In the forests of the night:
What immortal hand or eye,
Dare frame thy fearful symmetry?

(1793)

45

NO INTENTES NUNCA CONFESAR TU AMOR

No intentes nunca confesar tu amor,
amor que nunca puede ser confesado;
pues el viento lo arrastra en su temblor
calladamente, invisiblemente.

Yo confesé mi amor, todo mi amor
y todo el corazón se lo entregué,
temblando, frío de estupor...
Ay, pero ella se fue.

Y al instante un viajero
por su lado pasó
calladamente, invisiblemente...
Y, ay, no lo rechazó.

NEVER SEEK TO TELL THY LOVE

Never seek to tell thy love
Love that never told can be;
For the gentle wind does move
Silently, invisibly.

I told my love, I told my love
I told her all my heart;
Trembling, cold, in ghastly fears—
Ah! she doth depart.

Soon as she was gone from me
A traveller came by
Silently invisibly—-
O, was no deny.

(1793)

LONDRES

Vago por cada una de estas calles sucias
junto a donde el sucio Támesis está,
y veo en cada rostro las huellas de angustia
y veo las huellas de la debilidad.

En cada grito de hombre, en los
que lanza cada niño aterrado,
en cada prohibición, en cada voz,
oigo las cadenas que la mente ha forjado.

Oigo cómo el llanto del deshollinador
inunda de terror los templos oscuros,
y cuando el soldado suspira de dolor,
la sangre en los palacios chorrea por los muros.

Oigo a medianoche, sobre todo, el ruido
de la joven puta que empieza a increpar
y a maldecir el llanto del recién nacido
y a llenar de pestes el féretro nupcial.

LONDON

I wander thro' each charter'd street,
Near where the charter'd Thames does flow,
And mark in every face I meet
Marks of weakness, marks of woe.

In every cry of every Man,
In every Infant's cry of fear,
In every voice: in every ban,
The mind-forg'd manacles I hear.

How the Chimney-sweeper's cry
Every black'ning Church appalls,
And the hapless Soldier's sigh
Runs in blood down Palace walls.

But most thro' midnight streets I hear
How the youthful Harlot's curse
Blasts the new-born Infants tear,
And blights with plagues the Marriage hearse.

(1793)

WILLIAM WORDSWORTH
(1770-1850)

LA SEGADORA SOLITARIA

Mira qué sola en el campo
está la joven campesina,
cantando sola y segando.
¡Deténte o pasa sin hablar!
Sola corta ella la espiga,
sola las espigas ata,
y una triste canción canta.
Escucha: que el hondo valle
se ha llenado de sus notas.

Nunca un ruiseñor cantara
gorjeos tan agradables
a los oídos cansados
de los pobres viajeros
en algún sombreado oasis
de las arenas de Arabia.
Nunca se oyó voz tan dulce
de cuclillo en primavera
quebrando el silencio suave
del mar distante en las Hébridas.

¿Nadie me dirá qué canta?
Tal vez la canción refiere
hechos antiguos, tal vez
canta remotas batallas.
¿O es una humilde canción
sobre un hecho cotidiano,
o será un dolor pasado
que acaso pueda volver?

No importa cuál fuese el tema
de su canción, pues cantaba
cual si fuese interminable
su canción y la vi cantando
mientras segaba y segaba
sobre la hoz inclinada;
la escuché sin atreverme
a moverme, sosegado.
Y mientras iba subiendo
la colina cercana,
en mi pecho aún retenía
la canción, aunque ya hacía
rato que no la escuchaba0

THE SOLITARY REAPER

Behold her, single in the field,
Yon solitary Highland Lass!
Reaping and singing by herself;
Stop here, or gently pass!
Alone she cuts and binds the grain,
And sings a melancholy strain;
O listen! for the Vale profound
Is overflowing with the sound.

No Nightingale did ever chaunt
More welcome notes to weary bands
Of travellers in some shady haunt,
Among Arabian sands:
A voice so thrilling ne'er was heard
In spring-time from the Cuckoo-bird,
Breaking the silence of the seas
Among the farthest Hebrides.

Will no one tell me what she sings?
Perhaps the plaintive numbers flow
For old, unhappy, far-off things,
And battles long ago:
Or is it some more humble lay,
Familiar matter of to-day?
Some natural sorrow, loss, or pain,
That has been, and may be again?

Whate'er the theme, the Maiden sang
As if her song could have no ending;
I saw her singing at her work,
And o'er the sickle bending;—
I listened, motionless and still;
And, as I mounted up the hill,
The music in my heart I bore,
Long after it was heard no more.

(1805)

WALTER SCOTT
(1771-1832)

EL BANDOLERO

Brignall tiene hermosas riberas,
Greta bosques de verdor soberano,
y allí puedes buscar lo que tú quieras
para adornar a la reina del verano.
Cuando yo por los campos cabalgaba,
bajo la torre de un palacio oí
a una doncella alegre que cantaba
        una canción así:
"Brignall tiene hermosas riberas,
Greta bosques de verdor soberano,
allí con Edmundo vagar quisiera
y no ser la reina de mi reino amado."

"Si tú quieres, doncella, acompañarme
y dejar torre y pueblo, imagina
lo que es mi vida antes de acompañarme.
Pues yo vivo en el valle y la colina,
y si puedes saber lo que es andar
        día y noche a caballo,
ven conmigo al bosque, y yo te haré reinar
        como reina de mayo."
"Brignall tiene – siguió – bellas riberas,
Greta bosques de un verdor sin desmayo,
allí con Edmundo vagar quisiera
y no ser la reina de mi reino amado.

"Reconozco en tu cuerno la tonada
y reconozco tu veloz corcel,
y sé que tú eres de la guardia armada
        del Rey, soldado fiel."
"El cuerno del guardián, doncella mía,
resuena siempre en el amanecer
y su bella tonada alegra el día;
el mío suena en el anochecer."
"Brignall tiene – ella siguió – ...riberas,
allí con Edmundo vagar quisiera
y ser su reina de mayo.

THE OUTLAW

O Brignall banks are wild and fair,
And Greta woods are green,
And you may gather garlands there
Would grace a summer-queen.
And as I rode by Dalton-Hall
Beneath the turrets high,
A Maiden on the castle-wall
      Was singing merrily:
"O Brignall Banks are fresh and fair,
And Greta woods are green;
I'd rather rove with Edmund there
Than reign our English queen."

"If, Maiden, thou wouldst wend with me,
To leave both tower and town,
Thou first must guess what life lead we
That dwell by dale and down.
And if thou canst that riddle read,
      As read full well you may,
Then to the greenwood shalt thou speed
      As blithe as Queen of May."
Yet sung she, "Brignall banks are fair,
And Greta woods are green;
I'd rather rove with Edmund there
Than reign our English queen.

"I read you, by your bugle-horn
And by your palfrey good,
I read you for a ranger sworn
To keep the king's greenwood."
"A Ranger, lady, winds his horn,
And 'tis at peep of light;
His blast is heard at merry morn,
And mine at dead of night."
Yet sung she, "Brignall banks are fair,
And Greta woods are gay;
I would I were with Edmund there
To reign his Queen of May!

57

"Tú vienes con espada y mosquetón
y te vuelves a mí de tal manera
que ya sé que eres un audaz Dragón
que al redoble del tambor respondiera."
"A ese toque no puedo responder
ni la trompeta a conmoverme alcanza,
pero cuando comienza a anochecer
mis camaradas agarran su lanza.
Y aunque Brignall tenga sus riberas
y Greta bosques sin desmayo,
si te atrevieras de una vez, ya fueras
   reina mía de mayo.

¡Ay doncella, qué anónima es mi vida!
y en el anonimato moriré.
El demonio que alumbra su guarida
es mejor compañero y yo lo sé.
Cuando me encuentro con mis camaradas
en el bosque donde nos refugiamos,
olvidamos la vida ya pasada,
ni siquiera el presente recordamos."

(Coro)

"Brignall tiene hermosas riberas,
Greta bosques de verdor soberano,
y allí puedes buscar lo que tú quieras
para adornar a la reina del verano."

"With burnish'd brand and musketoon
So gallantly you come,
I read you for a bold Dragoon
That lists the tuck of drum."
"I list no more the tuck of drum,
No more the trumpet hear;
But when the beetle sounds his hum
My comrades take the spear.
And O! though Brignall banks be fair
And Greta woods be gay,
Yet mickle must the maiden dare
Would reign my Queen of May!

"Maiden! a nameless life I lead,
A nameless death I'll die;
The fiend whose lantern lights the mead
Were better mate than I!
And when I'm with my comrades met
Beneath the greenwood bough,
What once we were we all forget,
Nor think what we are now."

(Chorus)

"Yet Brignall banks are fresh and fair,
And Greta woods are green,
And you may gather garlands there
Would grace a summer-queen."

(1813)

SAMUEL TAYLOR COLERIDGE
(1772-1834)

LA RIMA DEL VIEJO MARINERO

Argumento

Que trata de cómo un barco que habiendo pasado el Ecuador fue arrastrado por las tormentas hasta las tierras heladas del Polo Sur; y de cómo desde allí continuó su travesía a la latitud tropical del Gran Océano Pacífico; y de las extrañas cosas que ocurrieron; y de qué modo el Viejo Marinero regresó a su patria.

PARTE I

Es un viejo Marino que detiene
a uno de los tres.
"Por tu larga barba gris y tus ojos
chispeantes, ¿por qué a mí me detienes?

Ya la casa del novio abrió las puertas
de par en par y soy un familiar.
Ya están los invitados, y la fiesta
empezó: puedes oír el clamorear."

El viejo lo retiene con su mano
huesuda. "Era un barco ..." empieza a decir.
"¡Vamos, déjame ir, rufián barbudo!"
Y él lo deja partir.

Pero su ojo chispeante lo retiene.
El Invitado queda donde está,
atento como un niño de tres años:
El Marinero hizo su voluntad.

Y el Invitado, allí sobre una piedra,
no tuvo más remedio que escuchar:
y el viejo Marino de ojos chispeantes,
así comenzó a hablar:

"El barco fue aclamado, el puerto quedó solo,
y alegres nos marchamos, y al rato, menos claro
distinguióse la iglesia, y más tarde la loma
y la cumbre del faro.

THE RIME OF THE ANCIENT MARINER

Argument

*How a Ship having passed the Line was driven by storms to the cold
Country towards the South Pole; and how from thence she made
her course to the tropical Latitude of the Great Pacific Ocean; and
of the strange things that befell; and in what manner the Ancyent
Marinere came back to his own Country.*

PART I

It is an ancient Mariner,
And he stoppeth one of three.
"By thy long grey beard and glittering eye,
Now wherefore stopp'st thou me?

The Bridegroom's doors are opened wide,
And I am next of kin;
The guests are met, the feast is set:
May'st hear the merry din."

He holds him with his skinny hand,
"There was a ship," quoth he.
"Hold off! unhand me, grey-beard loon!"
Eftsoons his hand dropt he.

He holds him with his glittering eye—
The Wedding-Guest stood still,
And listens like a three years' child:
The Mariner hath his will.

The Wedding-Guest sat on a stone:
He cannot choose but hear;
And thus spake on that ancient man,
The bright-eyed Mariner.

"The ship was cheered, the harbour cleared,
Merrily did we drop
Below the kirk, below the hill,
Below the lighthouse top.

El sol salió a la izquierda,
¡surgió del mismo mar!
Y brilló con fuerza, y por la derecha
se hundió en el mismo mar.

Cada día más alto, más alto se encontraba,
y estaba sobre el mástil al mediodía..."
El Invitado se golpea el pecho
porque la fuerte música del fagot ya oía.

Ahora la novia entraba en el salón,
roja como una rosa roja es ella.
Moviendo la cabeza al caminar,
alegres van los cantores tras ella.

El Invitado se golpea el pecho.
Ya no puede continuar adelante.
Y así fue que siguió narrando el viejo,
el Marinero de los ojos chispeantes:

"Cuando de pronto estalla la tormenta,
y muy fuerte y tiránica embestía
con sus alas enormes,
y en las rutas del sur aún nos seguía.

Con mástiles hundidos, la proa hundida,
como al que lo persiguen con golpes y alaridos
y aún le pisa la sombra al enemigo,
echando hacia adelante la cabeza,
la tormenta rugía, la nave iba de prisa,
y rumbo al sur volaba.

Y llegaron las nieves y la niebla
y nunca un frío como aquél hiciera,
y flotaban los hielos, como a un mástil de altura,
y de un verde color esmeralda eran.

Y en medio de los vientos, las nevadas
laderas enviaban su angustioso fulgor.
Ni sombra de animales o bestias divisamos,
tan sólo el hielo alrededor.

64

The Sun came up upon the left,
Out of the sea came he!
And he shone bright, and on the right
Went down into the sea.

Higher and higher every day,
Till over the mast at noon—"
The Wedding-Guest here beat his breast,
For he heard the loud bassoon.

The bride hath paced into the hall,
Red as a rose is she;
Nodding their heads before her goes
The merry minstrelsy.

The Wedding-Guest he beat his breast,
Yet he cannot choose but hear;
And thus spake on that ancient man,
The bright-eyed Mariner.

"And now the STORM-BLAST came, and he
Was tyrannous and strong:
He struck with his o'ertaking wings,
And chased us south along.

With sloping masts and dipping prow,
As who pursued with yell and blow
Still treads the shadow of his foe,
And forward bends his head,
The ship drove fast, loud roared the blast,
And southward aye we fled.

And now there came both mist and snow,
And it grew wondrous cold:
And ice, mast-high, came floating by,
As green as emerald.

And through the drifts the snowy clifts
Did send a dismal sheen:
Nor shapes of men nor beasts we ken—
The ice was all between.

Hielo aquí, hielo allá,
hielo por dondequiera,
y crujía y rugía, bramaba y aullaba
como un hombre que siente que el alma se le fuera.

Finalmente (venía de la niebla)
un Albatros cruzó.
Y al igual que si fuese algún cristiano,
lo saludamos en nombre de Dios.

Comió lo que jamás había comido
y dio vueltas y vueltas, y al desaparecer,
el hielo se quebró con retumbar de truenos,
y nos pudo guiar el timonel.

Y un buen viento sur soplaba detrás,
y el Albatros, por comida o por mero
entretenimiento, siempre venía
en cuanto lo llamaba un marinero.

Entre nieblas o nubes, sobre el mástil
o en los obenques nueve noches pasó,
y entre la blanca humareda de niebla
la blanca luz de luna brilló."

"¡Ay!, de esos diablos que así te persiguen,
viejo Marino, te proteja Dios.
¿Por qué miras así?" "Con mi ballesta
yo di muerte al Albatros."

PARTE II

"Ahora el sol se elevó por la derecha:
surgió del mismo mar.
Y oculto aún por la niebla, hacia la izquierda
se hundió en el mismo mar.

Y el buen viento sur soplaba detrás,
pero ya ningún dulce pájaro nos seguía.
Ni por comer, ni por un mero entretenimiento
al llamarlo un marinero venía.

The ice was here, the ice was there,
The ice was all around:
It cracked and growled, and roared and howled,
Like noises in a swound!

At length did cross an Albatross,
Thorough the fog it came;
As if it had been a Christian soul,
We hailed it in God's name.

It ate the food it ne'er had eat,
And round and round it flew.
The ice did split with a thunder-fit;
The helmsman steered us through!

And a good south wind sprung up behind;
The Albatross did follow,
And every day, for food or play,
Came to the mariner's hollo!

In mist or cloud, on mast or shroud,
It perched for vespers nine;
Whiles all the night, through fog-smoke white,
Glimmered the white Moon-shine."

"God save thee, ancient Mariner!
From the fiends, that plague thee thus!—
Why look'st thou so?"—"With my cross-bow
I shot the ALBATROSS."

PART II

"The Sun now rose upon the right:
Out of the sea came he,
Still hid in mist, and on the left
Went down into the sea.

And the good south wind still blew behind,
But no sweet bird did follow,
Nor any day for food or play
Came to the mariner's hollo!

67

Una pérfida acción había ya realizado
que desgracias habría de acarrear,
pues todos afirmaban que yo había matado
el ave que hacía a la brisa soplar.
'¡Desdichado! –decían–, que has matado
el ave que hace a la brisa soplar.'

Oscuro no era, ni rojo el sol que amaneció:
glorioso cual cabeza de un Dios de claridad.
Entonces afirmaban que yo había matado
el pájaro que trajo la niebla y oscuridad.
'Está bien –me dijeron– que hayas matado
pájaros como ésos que traen niebla y oscuridad.'

Sopló la fuerte brisa, voló la blanca espuma,
libre siguió la estela presurosa.
Éramos los primeros que jamás penetraran
esa mar silenciosa.

Cesó luego la brisa, se aflojaron las velas
y estábamos tan tristes como es posible estar,
al punto de que tan sólo hablábamos
para romper el silencio del mar.

En la bóveda cálida y cobriza
del mediodía, sobre el mástil, una
sangrienta llamarada el sol formaba,
no mayor que la luna.

Y día tras día y día tras día
sin brisas y sin poder avanzar;
tan inertes como un pintado barco
en un pintado mar.

Agua, agua y más agua dondequiera
y el maderamen del barco crujía.
Agua, agua y más agua dondequiera,
y ni una gota que beber había.

Hasta el fondo del mar se corrompía,
¡nunca se vio tal cosa!

And I had done a hellish thing,
And it would work 'em woe:
For all averred, I had killed the bird
That made the breeze to blow.
'Ah wretch!' said they, 'the bird to slay,
That made the breeze to blow!'

Nor dim nor red, like God's own head,
The glorious Sun uprist:
Then all averred, I had killed the bird
That brought the fog and mist.
'Twas right', said they, 'such birds to slay,
That bring the fog and mist.'

The fair breeze blew, the white foam flew,
The furrow followed free;
We were the first that ever burst
Into that silent sea.

Down dropt the breeze, the sails dropt down,
'Twas sad as sad could be;
And we did speak only to break
The silence of the sea!

All in a hot and copper sky,
The bloody Sun, at noon,
Right up above the mast did stand,
No bigger than the Moon.

Day after day, day after day,
We stuck, nor breath nor motion;
As idle as a painted ship
Upon a painted ocean.

Water, water, every where,
And all the boards did shrink;
Water, water, every where,
Nor any drop to drink.

The very deep did rot: O Christ!
That ever this should be!

¡Cristo!, seres de limo se arrastraban
sobre la mar fangosa.

Y alrededor, en grupos, danzando
en la noche cruzaban fuegos fatuos,
y el agua, como aceites de una bruja,
ardía en verde y en azul y en blanco.

Y ya en sueños algunos afirmaban
que el Espíritu hacía su venganza:
desde el país de la nieve y la bruma
nos perseguía a nueve brazas.

Y cada lengua, por la sed terrible,
estaba reseca hasta la raíz.
No era posible hablar, como si ahogaran
nuestra voz con hollín.

¡Oh, el día aquel! ¡Con qué odio fue
que me miraron jóvenes y viejos!
En vez de cruz, el Albatros
colgaron de mi cuello.

PARTE III

"Pasó un tiempo angustioso. Estaban secas
nuestras gargantas, vidriosos los ojos.
Pasó un tiempo angustioso, muy angustioso.
¡Qué vidriosos los ojos fatigados!
Pero al mirar hacia poniente, vi
algo en el cielo destacado.

Al principio una mancha parecía
y después como niebla que creciera
lenta, muy lentamente, y que al final
una forma asumiera.

Una mancha, una niebla o una forma
aún más cerca y más cerca,
como huyendo de algún espíritu de aguas
se hundía, aparecía, daba vueltas.

Yea, slimy things did crawl with legs
Upon the slimy sea.

About, about, in reel and rout
The death-fires danced at night;
The water, like a witch's oils,
Burnt green, and blue and white.

And some in dreams assurèd were
Of the Spirit that plagued us so;
Nine fathom deep he had followed us
From the land of mist and snow.

And every tongue, through utter drought,
Was withered at the root;
We could not speak, no more than if
We had been choked with soot.

Ah! well a-day! what evil looks
Had I from old and young!
Instead of the cross, the Albatross
About my neck was hung.

PART III

"There passed a weary time. Each throat
Was parched, and glazed each eye.
A weary time! a weary time!
How glazed each weary eye,
When looking westward, I beheld
A something in the sky.

At first it seemed a little speck,
And then it seemed a mist;
It moved and moved, and took at last
A certain shape, I wist.

A speck, a mist, a shape, I wist!
And still it neared and neared:
As if it dodged a water-sprite,
It plunged and tacked and veered.

Con la garganta seca, negro el labio abrasado,
no se podía reír ni lamentarse,
nos mantenía mudos la horrible sed aquella.
Entonces me mordí el brazo y chupé la sangre
para poder gritar: '¡Una vela! ¡Una vela!'

Con la garganta seca, negro el labio abrasado,
escucharon mis gritos, boquiabiertos.
¡Cielos! ¡Con qué muecas expresaban la alegría!
Todos ellos recobraron aliento
y parecía que ya todos bebían.

'¡Mirad, mirad! –grité– ¡No da bordadas!
¡Viene hacia acá a salvarnos!
¡Sin brisa y sin marea
y la quilla en el aire levantada!'

Las olas al poniente eran de llamas.
El día estaba a punto de acabarse.
Casi sobre las olas de poniente
el sol ancho y brillante se ocultaba,
cuando la extraña forma de repente
entre el sol y nosotros navegaba.

Y estaba el sol listado con barrotes
(¡sea la Virgen clemente!)
como si tras las rejas de una prisión mirara
con rostro ancho y ardiente.

¡Ay! (pensé y me latía con más fuerza
el corazón) ¡Se acerca presurosa!
¿Son sus velas eso que brilla al sol
como una telaraña temblorosa?

¿Son ésas sus costillas como rejas
tras las que asoma el sol?
¿Y esa Mujer su único tripulante?
¿Es aquélla la Muerte? ¿O es que son dos?
¿O es piloto de esta Mujer la Muerte?

With throats unslaked, with black lips baked,
We could nor laugh nor wail;
Through utter drought all dumb we stood!
I bit my arm, I sucked the blood,
And cried, 'A sail! a sail!'

With throats unslaked, with black lips baked,
Agape they heard me call:
Gramercy! they for joy did grin,
And all at once their breath drew in.
As they were drinking all.

'See! see! (I cried) she tacks no more!
Hither to work us weal;
Without a breeze, without a tide,
She steadies with upright keel!'

The western wave was all a-flame.
The day was well nigh done!
Almost upon the western wave
Rested the broad bright Sun;
When that strange shape drove suddenly
Betwixt us and the Sun.

And straight the Sun was flecked with bars,
(Heaven's Mother send us grace!)
As if through a dungeon-grate he peered
With broad and burning face.

Alas! (thought I, and my heart beat loud)
How fast she nears and nears!
Are those her sails that glance in the Sun,
Like restless gossameres?

Are those her ribs through which the Sun
Did peer, as through a grate?
And is that Woman all her crew?
Is that a DEATH? and are there two?
Is DEATH that woman's mate?

De labios rojos, mirar insolente,
como de oro sus bucles amarillos,
y como de leprosa su piel blanca,
era la Muerte-en-Vida, pesadilla
que la sangre del hombre espesa y hiela.

El casco desnudo cerca nos pasó,
y la pareja jugaba a los dados.
'¡La partida acabó! ¡Y yo gané, gané!',
dijo ella y por tres veces dio un silbido.

Se puso el sol, las estrellas salieron
prontas como llegó la oscuridad,
y con rumor lejano, por las aguas,
huyó el barco espectral.

Escuchamos, mirando a todas partes.
El miedo, al corazón como una copa,
parecía que mi sangre bebiera.
Se nublaron los astros, se espesaba la noche
y la faz del timonel aparecía lívida
a la luz del farol, y de las velas caían
gotas de rocío. Más tarde vimos
el cuerno de la luna hacia levante
con una sola estrella que brillaba
en su punta más baja.

Uno tras otro, bajo aquella luna
que arrastraba una estrella solitaria,
muy pronto aún para quejarse o suspirar,
me fueron maldiciendo con miradas.

Cuatro veces cincuenta hombres con vida
(no oí suspiro ni lamentación),
con pesado golpe fueron uno a uno
cayendo como troncos, de un tirón.

Las almas de sus cuerpos se escaparon,
volaron hacia el pesar o la dicha,
y junto a mí pasaron todas ellas
zumbando como lo hace mi ballesta."

Her lips were red, her looks were free,
Her locks were yellow as gold:
Her skin was as white as leprosy,
The Night-mare LIFE-IN-DEATH was she,
Who thicks man's blood with cold.

The naked hulk alongside came,
And the twain were casting dice;
'The game is done! I've won! I've won!'
Quoth she, and whistles thrice.

The Sun's rim dips; the stars rush out;
At one stride comes the dark;
With far-heard whisper, o'er the sea,
Off shot the spectre-bark.

We listened and looked sideways up!
Fear at my heart, as at a cup,
My life-blood seemed to sip!
The stars were dim, and thick the night,
The steersman's face by his lamp gleamed white;
From the sails the dew did drip—
Till clomb above the eastern bar
The hornèd Moon, with one bright star
Within the nether tip.

One after one, by the star-dogged Moon,
Too quick for groan or sigh,
Each turned his face with a ghastly pang,
And cursed me with his eye.

Four times fifty living men,
(And I heard nor sigh nor groan)
With heavy thump, a lifeless lump,
They dropped down one by one.

The souls did from their bodies fly,—
They fled to bliss or woe!
And every soul, it passed me by,
Like the whizz of my cross-bow!"

PARTE IV

"¡Te tengo miedo, viejo Marinero!
¡Le tengo miedo a tu mano huesuda!
Y eres alto y delgado y atezado
como las grietas que las playas cruzan.

Les tengo miedo a tus ojos chispeantes,
a tu mano tan flaca y tan tostada..."
"No temas, no, Invitado a la Boda,
que al cuerpo mío no le ocurrió nada.

Solo quedé, muy solo, solitario
sobre aquel mar desierto
y nunca un santo se apiadó de mí,
y estaba casi muerto.

Todos aquellos hombres que yacían
eran fuertes y bellos.
Y sin embargo, miles de lodosos seres
vivían todavía, y yo con ellos.

Miré las aguas de aquel mar, podridas,
y aparté la mirada.
Observé la cubierta carcomida
donde estaban los muertos.

Y miré al cielo y pretendí rezar,
pero en lugar de una oración, brotaba
de mis labios un murmullo blasfemo
que, como el polvo, secos los dejaba.

Cerré los párpados, los mantuve cerrados,
y sentí como en ellos los pulsos me latían,
porque el cielo y el mar y el mar y el cielo
pesaban en mis párpados cansados
y los muertos a mis plantas yacían.

Sus miembros exhalaban sudor frío,
pero no se pudrían ni apestaban
y jamás mi memoria olvidará

76

PART IV

"I fear thee, ancient Mariner!
I fear thy skinny hand!
And thou art long, and lank, and brown,
As is the ribbed sea-sand.

I fear thee and thy glittering eye,
And thy skinny hand, so brown."—
"Fear not, fear not, thou Wedding-Guest!
This body dropt not down.

Alone, alone, all, all alone,
Alone on a wide, wide sea!
And never a saint took pity on
My soul in agony.

The many men, so beautiful!
And they all dead did lie:
And a thousand thousand slimy things
Lived on; and so did I.

I looked upon the rotting sea,
And drew my eyes away;
I looked upon the rotting deck,
And there the dead men lay.

I looked to heaven, and tried to pray;
But or ever a prayer had gusht,
A wicked whisper came, and made
My heart as dry as dust.

I closed my lids, and kept them close,
And the balls like pulses beat;
For the sky and the sea, and the sea and the sky
Lay dead like a load on my weary eye,
And the dead were at my feet.

The cold sweat melted from their limbs,
Nor rot nor reek did they:
The look with which they looked on me

esa mirada con que me miraban.

La maldición de un huérfano es capaz
de arrastrar al espíritu más alto al infierno,
pero mucho más terrible que eso es
la maldición vista en ojos de un muerto.
Durante siete días, siete noches
vi esa mirada y no podía morir.

A lo alto del cielo se fue la luna
sin detener su movimiento:
subía suavemente, iba con una
o dos estrellas en su ascenso.

Y de aquella llanura sofocante
se burlaban sus rayos cual si fueran
escarchas de abril, pero en los tramos
que la sombra del gran barco cubriera,
las aguas hechizadas se encendían
fundidas en aquel rojo inmóvil y terrible.

Más allá de la sombra del barco pude ver
las serpientes marinas que en estelas
relucientes y blancas se movían,
y, al alzarse, su luz fantasmagórica
como en copos caía.

Y dentro de la sombra del barco contemplé
sus ricos atavíos:
en azul, verde brillante y negro terciopelo
nadaban, se encogían,
y cada estela en un fuego dorado refulgía.

¡Oh alegres existencias! Lengua alguna
podrá nunca expresar vuestra hermosura:
una fuente de amor brotó en mi pecho
y las bendije sin pensar,
pues mi santo Patrón compadecióme
y las bendije sin pensar.

Y ya en ese momento pude orar;
y, de mi cuello, libre,

Had never passed away.

An orphan's curse would drag to hell
A spirit from on high;
But oh! more horrible than that
Is the curse in a dead man's eye!
Seven days, seven nights, I saw that curse,
And yet I could not die.

The moving Moon went up the sky,
And nowhere did abide:
Softly she was going up,
And a star or two beside—

Her beams bemocked the sultry main,
Like April hoar-frost spread;
But where the ship's huge shadow lay,
The charmèd water burnt alway
A still and awful red.

Beyond the shadow of the ship,
I watched the water-snakes:
They moved in tracks of shining white,
And when they reared, the elfish light
Fell off in hoary flakes.

Within the shadow of the ship
I watched their rich attire:
Blue, glossy green, and velvet black,
They coiled and swam; and every track
Was a flash of golden fire.

O happy living things! no tongue
Their beauty might declare:
A spring of love gushed from my heart,
And I blessed them unaware:
Sure my kind saint took pity on me,
And I blessed them unaware.

The self-same moment I could pray;
And from my neck so free

se deslizó el Albatros, que, al instante,
sumergióse como plomo en el mar.

PARTE V

"¡Oh, sueño, amable cosa
de polo a polo amada!
¡Loada sea la Reina Virgen Madre!
Ella envió del Cielo
este sueño que mi alma ha penetrado.

Los inútiles cubos que en cubierta
y por tan largo tiempo estuve viendo,
soñé que estaban llenos de rocío:
y cuando desperté estaba lloviendo.

Mis labios se mojaron, mi garganta
enfrióse y mi ropa, húmeda y fría:
en mis sueños, sin duda, había bebido
y aún mi cuerpo bebía.

Me moví y comprobé que no notaba
mis miembros, tan ligero me sentía;
llegué a pensar que había muerto en sueños
y que un alma bendita era la mía.

Y oí enseguida un viento que rugía;
no llegaba de cerca,
y sin embargo las velas sacudía,
tan delgadas y secas.

El aire en lo alto ardió de vida,
con banderas de fuego, deslumbrantes,
que acá y allá corrían. Y acá y allá
cercanas y distantes
bailaban, desvaídas, las estrellas.

Al acercarse, el viento aún más alto rugía,
las velas suspiraban como juncos
y llovió de una nube sola y negra
con la luna a su lado,
y el nubarrón hundióse y, a su lado,

80

The Albatross fell off, and sank
Like lead into the sea.

PART V

"Oh sleep! it is a gentle thing,
Beloved from pole to pole!
To Mary Queen the praise be given!
She sent the gentle sleep from Heaven,
That slid into my soul.

The silly buckets on the deck,
That had so long remained,
I dreamt that they were filled with dew;
And when I awoke, it rained.

My lips were wet, my throat was cold,
My garments all were dank;
Sure I had drunken in my dreams,
And still my body drank.

I moved, and could not feel my limbs:
I was so light—almost
I thought that I had died in sleep,
And was a blessed ghost.

And soon I heard a roaring wind:
It did not come anear;
But with its sound it shook the sails,
That were so thin and sere.

The upper air burst into life!
And a hundred fire-flags sheen,
To and fro they were hurried about!
And to and fro, and in and out,
The wan stars danced between.

And the coming wind did roar more loud,
And the sails did sigh like sedge,
And the rain poured down from one black cloud;
The Moon was at its edge.

continuaba la luna.
Como las aguas lanzadas desde los altos riscos,
caían los relámpagos directos:
un río ancho y parado.

El ronco viento nunca alcanzó al barco
que adelante las velas impulsaron.
A la luz de los rayos y la luna,
los muertos se quejaron.

Gimieron, se agitaron y se alzaron
sin hablar, ojos fijos y abiertos:
hasta en sueños hubiera sido extraño
ver alzarse a esos muertos.

El timonel guiaba y el barco iba adelante;
y aun cuando la brisa no soplaba,
los marinos seguían en sus puestos
y sus brazos alzaban
como herramientas muertas.
Era una tripulación de espectros.

El cadáver del hijo de mi hermano
estaba junto a mí y yo sentí rozar
su rodilla y la mía; ambos halando
la misma soga, pero él sin hablar."

"¡Me asustas, viejo Marinero!"
"¡Cálmate, pues, Invitado a la Boda!
No fueron esas almas que huyeron con dolor
las que en sus cuerpos otra vez moraron,
sino un tropel de espíritus dichosos.

Pues al amanecer, cesando todo esfuerzo,
alrededor del mástil se reunieron;
y de sus bocas lentos, dulces sones surgían,
y de los cuerpos otra vez salieron.

En torno, en torno iba cada sonido
volando y luego en dirección al sol;

The thick black cloud was cleft, and still
The Moon was at its side:
Like waters shot from some high crag,
The lightning fell with never a jag,
A river steep and wide.

The loud wind never reached the ship,
Yet now the ship moved on!
Beneath the lightning and the Moon
The dead men gave a groan.

They groaned, they stirred, they all uprose,
Nor spake, nor moved their eyes;
It had been strange, even in a dream,
To have seen those dead men rise.

The helmsman steered, the ship moved on;
Yet never a breeze up-blew;
The mariners all 'gan work the ropes,
Where they were wont to do;
They raised their limbs like lifeless tools—
We were a ghastly crew.

The body of my brother's son
Stood by me, knee to knee:
The body and I pulled at one rope,
But he said nought to me."

"I fear thee, ancient Mariner!"
"Be calm, thou Wedding-Guest!
Twas not those souls that fled in pain,
Which to their corses came again,
But a troop of spirits blest:

For when it dawned—they dropped their arms,
And clustered round the mast;
Sweet sounds rose slowly through their mouths,
And from their bodies passed.

Around, around, flew each sweet sound,
Then darted to the Sun;

y otra vez lentamente regresaban,
mezclados o bien formando una sola canción.

A veces oía bajar del cielo
el canto de la alondra;
a veces eran todos los pájaros.
¡Parecían llenar el mar y el aire
con su dulce lenguaje!

Fue como un gran conjunto de instrumentos;
después como una flauta solitaria;
más tarde, un canto de ángel que en el viento
hacía que los cielos se callaran.

Y al fin cesó, mas las velas siguieron
haciendo un agradable ruido hasta el mediodía,
como el rumor que hace un arroyo hundido
en el frondoso junio, que en suave melodía
canta toda la noche a los bosques dormidos.

Así, hasta el mediodía, seguimos navegando
tranquilamente, aunque sin viento alguno:
lenta, suavemente iba el barco avanzando
como si lo moviese desde abajo alguno.

Bajo la quilla, a nueve brazas de hondo,
desde el país de la bruma y la nieve,
deslizóse el Espíritu. Yo pensé:
'Esta es la fuerza que la nave mueve.'
A mediodía enmudecieron las velas
y la nave también inmóvil se quedó.

El sol, en el extremo de aquel mástil,
allí sobre las aguas la fijó,
pero de pronto comenzó a moverse
con angustiosos, cortos movimientos,
retrocediendo y avanzando un tramo
(la mitad de ella misma)
con angustiosos, cortos movimientos.

Después, como un caballo encabritado,

Slowly the sounds came back again,
Now mixed, now one by one.

Sometimes a-dropping from the sky
I heard the sky-lark sing;
Sometimes all little birds that are,
How they seemed to fill the sea and air
With their sweet jargoning!

And now 'twas like all instruments,
Now like a lonely flute;
And now it is an angel's song,
That makes the heavens be mute.

It ceased; yet still the sails made on
A pleasant noise till noon,
A noise like of a hidden brook
In the leafy month of June,
That to the sleeping woods all night
Singeth a quiet tune.

Till noon we quietly sailed on,
Yet never a breeze did breathe:
Slowly and smoothly went the ship,
Moved onward from beneath.

Under the keel nine fathom deep,
From the land of mist and snow,
The spirit slid: and it was he
That made the ship to go.
The sails at noon left off their tune,
And the ship stood still also.

The Sun, right up above the mast,
Had fixed her to the ocean:
But in a minute she 'gan stir,
With a short uneasy motion—
Backwards and forwards half her length
With a short uneasy motion.

Then like a pawing horse let go,

dio un brinco de repente.
La sangre se agolpaba debajo de mi frente
y caí desmayado.

No podría decir por cuanto tiempo
estuve sin sentido,
pero antes de que hubiese revivido
mi alma distinguió dos voces en el viento.

'¿Es él? —decía una—. ¿Es ése el hombre?'
¡Oh que lo ampare el que murió en la cruz!
Con su ballesta cruel fue él quien abatiera
al inocente Albatros.

El solitario Espíritu que mora
en el país de la nieve y la bruma
amaba el mismo pájaro que amaba
al hombre que lo mató con su ballesta.'

La otra, que hablaba con una dulzura
tan suave como el néctar, le decía:
'El hombre ha hecho ya su penitencia
y hará más penitencia todavía.'

PARTE VI

Voz primera:
'Mas dime, dime, habla de nuevo;
reanuda tu dulce explicación.
¿Qué es lo que hace el océano? ¿Qué fuerzas
hacen avanzar veloz la embarcación?'

Voz segunda:
'Inmóvil como esclavo ante su dueño
el mar no tiene ráfaga alguna.
Su gran ojo brillante, con el mayor silencio,
se ha clavado en la luna,

buscando en la distancia su camino,
pues en calma o tormenta lo puede ella guiar.
Mira, hermano, mira qué generosamente

She made a sudden bound:
It flung the blood into my head,
And I fell down in a swound.

How long in that same fit I lay,
I have not to declare;
But ere my living life returned,
I heard and in my soul discerned
Two voices in the air.

'Is it he?' quoth one, 'Is this the man?
By him who died on cross,
With his cruel bow he laid full low
The harmless Albatross.

The spirit who bideth by himself
In the land of mist and snow,
He loved the bird that loved the man
Who shot him with his bow.'

The other was a softer voice,
As soft as honey-dew:
Quoth he, 'The man hath penance done,
And penance more will do.'

PART VI

First Voice
'But tell me, tell me! speak again,
Thy soft response renewing—
What makes that ship drive on so fast?
What is the ocean doing?'

Second Voice
'Still as a slave before his lord,
The ocean hath no blast;
His great bright eye most silently
Up to the Moon is cast—

If he may know which way to go;
For she guides him smooth or grim.
See, brother, see! how graciously

ella contempla el mar.'

Voz primera:
'¿Pero qué hace a este barco navegar
tan rápido sin olas y sin viento?'

Voz segunda:
'Delante de él le abre camino el viento
y se cierra detrás.

Vuela, hermano, vuela hacia arriba,
o llegaremos tarde:
que el barco avanzará despacio y más despacio
cuando el Marino salga de su trance.'

Desperté y descubrí que navegábamos
en calma por aquel mar abierto.
Era noche tranquila con la luna en lo alto
y en un montón los muertos.

Estaban agrupados en cubierta,
y una tumba era mejor para ellos
que con sus ojos pétreos me miraban.
Yo vi, bajo la luna, sus destellos.

La angustia y maldición con que murieron
no parecía acabar:
y no pude apartar mis ojos de los suyos
ni tampoco elevarlos para orar.

Pero cesó el hechizo, y una vez más
contemplé el verde océano allá afuera,
y miré hacia lo lejos, pero poco encontré
de todas esas cosas que anteriormente viera,

como quien un camino solitario atraviesa
y lleno de terror sigue avanzando
y vuelve un solo instante la cabeza,
pues ya sabe que un horrible demonio está acechando
a sus espaldas y se encuentra muy cerca.

She looketh down on him.'

First Voice
'But why drives on that ship so fast,
Without or wave or wind?'

Second Voice
'The air is cut away before,
And closes from behind.

Fly, brother, fly! more high, more high!
Or we shall be belated:
For slow and slow that ship will go,
When the Mariner's trance is abated.'

"I woke, and we were sailing on
As in a gentle weather:
'Twas night, calm night, the moon was high;
The dead men stood together.

All stood together on the deck,
For a charnel-dungeon fitter:
All fixed on me their stony eyes,
That in the Moon did glitter.

The pang, the curse, with which they died,
Had never passed away:
I could not draw my eyes from theirs,
Nor turn them up to pray.

And now this spell was snapt: once more
I viewed the ocean green,
And looked far forth, yet little saw
Of what had else been seen—

Like one, that on a lonesome road
Doth walk in fear and dread,
And having once turned round walks on,
And turns no more his head;
Because he knows, a frightful fiend
Doth close behind him tread.

89

Mas pronto llegó a mí una suave brisa
que ni un susurro o movimiento hizo:
su paso sobre el mar no se mostraba
con sombras ni con rizos.

Me levantó el cabello, y la mejilla
me abanicó aquel viento de pradera
mezclado extrañamente con mis miedos,
de alguna bienvenida, mensajero.

Veloz, muy velozmente iba la nave,
pero también muy suave la sentí.
Dulcemente, muy dulce aquella brisa
soplaba sólo para mí.

¡Oh, alegre sueño! ¿No es, sin duda, aquella
la torre del faro que veo ante mí?
¿No es ésa la colina, ésa la iglesia?
¿No es esa tierra la de mi país?

Entramos en el puerto y yo rezaba
entre sollozos: '¡Oh Dios mío, déjame
despertar en esta hora
o en sueño eterno aléjame!'

La bahía era clara como el vidrio
con sus olas mansas.
Y la luz y la sombra de la luna
cubrían las aguas.

La roca destellaba y no menos la iglesia
encima de la roca construida
y la luna bañaba silenciosa
la veleta detenida.

Y estaba la bahía blanca, con luz calmada,
hasta el instante en que surgió de allí
un tropel de formas, todas ellas sombras,
cubiertas de vestidos carmesí.

But soon there breathed a wind on me,
Nor sound nor motion made:
Its path was not upon the sea,
In ripple or in shade.

It raised my hair, it fanned my cheek
Like a meadow-gale of spring—
It mingled strangely with my fears,
Yet it felt like a welcoming.

Swiftly, swiftly flew the ship,
Yet she sailed softly too:
Sweetly, sweetly blew the breeze—
On me alone it blew.

Oh! dream of joy! is this indeed
The light-house top I see?
Is this the hill? is this the kirk?
Is this mine own countree?

We drifted o'er the harbour-bar,
And I with sobs did pray—
O let me be awake, my God!
Or let me sleep alway.

The harbour-bay was clear as glass,
So smoothly it was strewn!
And on the bay the moonlight lay,
And the shadow of the Moon.

The rock shone bright, the kirk no less,
That stands above the rock:
The moonlight steeped in silentness
The steady weathercock.

And the bay was white with silent light,
Till rising from the same,
Full many shapes, that shadows were,
In crimson colours came.

A corto espacio de la proa estaban
las sombras carmesí.
Volví los ojos hacia la cubierta
y ¡oh Cristo! lo que vi:

Cada muerto yacía allí, tendido,
y ¡por el santo crucifijo! que
un hombre-luz, un hombre-serafín
sobre cada cadáver vi de pie.

Los ángeles sus manos agitaban,
¡fue una visión de Dios!
Erguidos como signos a la tierra,
y cada cual era una hermosa luz.

Los ángeles sus manos agitaban,
mas no dejaron escuchar su voz.
No hablaron, pero su silencio como
una melodía mi alma penetró.

Pero pronto escuché golpes de remos
y el grito jubiloso del Piloto;
casi a la fuerza volví la cabeza
y vi acercarse un bote.

Oí al Piloto y al hijo del Piloto,
que se acercaban, ágiles.
Y, ¡Dios del cielo! aquel enorme gozo
no lo podían malograr cadáveres.

Y vi a un tercero y pude oír su voz:
¡es el buen Ermitaño!
Canta con alta voz sus himnos sacros
que ha compuesto en el bosque año tras año.
Oirá mi confesión y lavará de mi alma
la sangre del Albatros.

PARTE VII

"Ese buen Ermitaño habita el bosque
que hasta la mar extiende sus linderos.

92

A little distance from the prow
Those crimson shadows were:
I turned my eyes upon the deck—
Oh, Christ! what saw I there!

Each corpse lay flat, lifeless and flat,
And, by the holy rood!
A man all light, a seraph-man,
On every corpse there stood.

This seraph-band, each waved his hand:
It was a heavenly sight!
They stood as signals to the land,
Each one a lovely light;

This seraph-band, each waved his hand,
No voice did they impart—
No voice; but oh! the silence sank
Like music on my heart.

But soon I heard the dash of oars,
I heard the Pilot's cheer;
My head was turned perforce away
And I saw a boat appear.

The Pilot and the Pilot's boy,
I heard them coming fast:
Dear Lord in Heaven! it was a joy
The dead men could not blast.

I saw a third—I heard his voice:
It is the Hermit good!
He singeth loud his godly hymns
That he makes in the wood.
He'll shrieve my soul, he'll wash away
The Albatross's blood.

PART VII

"This Hermit good lives in that wood
Which slopes down to the sea.

93

¡Con qué fuerza su dulce voz levanta!
Le gusta conversar con marineros
de los que vienen de países distantes.

Se arrodilla mañana, tarde y noche;
su almohadón es mullido:
es el musgo que oculta totalmente
el tronco de un gran roble carcomido.

Se acercaba el esquife y les oí hablar:
'¡Qué cosa más extraña y misteriosa!
¿Dónde estarán todas aquellas luces
que hacían señales y eran tan hermosas?'

'¡Raro de verdad! —dijo el Ermitaño—.
A nuestros gritos nada contestaron.
Tiene los tablones como retorcidos
¡y en las delgadas velas cuánto daño!
Nunca he visto nada a ellas parecido,
como no sean los pardos
esqueletos de las hojas

que arrastra de mi bosque el arroyuelo,
cuando la hiedra por la nieve se comba
y está al lobo chillándole el mochuelo
pues devora al cachorro de la loba.'

'¡Dios mío! Tiene aspecto diabólico
—el Piloto añadió—,
y tengo miedo...' '¡Vamos, rema, rema!',
el Ermitaño, alegre, lo animó.

Acercaron el bote junto al barco
y yo no hablaba, yo no me movía,
y cuando el bote estuvo bajo el barco
se oyó un estruendo ronco que crecía

bajo el agua, cada vez con más fuerza,
cada vez más atroz:
llegó hasta el barco, abriendo la bahía,
y como plomo la nave se hundió.

How loudly his sweet voice he rears!
He loves to talk with marineres
That come from a far countree.

He kneels at morn, and noon, and eve—
He hath a cushion plump:
It is the moss that wholly hides
The rotted old oak-stump.

The skiff-boat neared: I heard them talk,
'Why, this is strange, I trow!
Where are those lights so many and fair,
That signal made but now?'

'Strange, by my faith!' the Hermit said—
'And they answered not our cheer!
The planks looked warped! and see those sails,
How thin they are and sere!
I never saw aught like to them,
Unless perchance it were

Brown skeletons of leaves that lag
My forest-brook along;
When the ivy-tod is heavy with snow,
And the owlet whoops to the wolf below,
That eats the she-wolf's young.'

'Dear Lord! it hath a fiendish look—
(The Pilot made reply)
I am a-feared'—'Push on, push on!'
Said the Hermit cheerily.

The boat came closer to the ship,
But I nor spake nor stirred;
The boat came close beneath the ship,
And straight a sound was heard.

Under the water it rumbled on,
Still louder and more dread:
It reached the ship, it split the bay;
The ship went down like lead.

Aturdido por el tremendo estrépito
que llenó el océano y el cielo,
como quien lleva siete días ahogado,
flotaba allí mi cuerpo.
Pero igual que si lo hubiera soñado,
me encontré en el bote del Piloto.

Por entre el remolino que dejó
el barco al hundirse, la lancha daba
vueltas, todo en calma, pero en la loma
el eco del estruendo se escuchaba.

Abrí los labios. Dio un grito el Piloto,
perdió el conocimiento.
El santo Ermitaño elevó los ojos
rezando sin moverse de su asiento.

Cogí los remos; el hijo del Piloto
(que allí se volvió loco) a carcajadas
constantes se reía sin parar,
lanzando a todas partes sus miradas.
'Ja, ja! —exclamaba—. ¡Ya veo claramente
lo bien que sabe el Demonio remar!'

Ya en mi patria pisé la tierra firme,
y el Ermitaño descendió a su vez
del barco que nos trajo, pero apenas
podía el hombre mantenerse en pie.

'¡Confiésame, confiésame, hombre puro!'
Y el hombre hizo la señal de la cruz.
'Habla pronto —exclamó—. Dime enseguida
la clase de hombre que eres tú.'

Y en el acto a mi cuerpo lo doblaba
dolorosa agonía
que me obligó a comenzar el cuento
que al fin me liberó desde aquel día.

Desde entonces, en hora incierta, aquella
agonía me acosa,

Stunned by that loud and dreadful sound,
Which sky and ocean smote,
Like one that hath been seven days drowned
My body lay afloat;
But swift as dreams, myself I found
Within the Pilot's boat.

Upon the whirl, where sank the ship,
The boat spun round and round;
And all was still, save that the hill
Was telling of the sound.

I moved my lips—the Pilot shrieked
And fell down in a fit;
The holy Hermit raised his eyes,
And prayed where he did sit.

I took the oars: the Pilot's boy,
Who now doth crazy go,
Laughed loud and long, and all the while
His eyes went to and fro.
'Ha! ha!' quoth he, 'full plain I see,
The Devil knows how to row.'

And now, all in my own countree,
I stood on the firm land!
The Hermit stepped forth from the boat,
And scarcely he could stand.

'O shrieve me, shrieve me, holy man!'
The Hermit crossed his brow.
'Say quick,' quoth he, 'I bid thee say—
What manner of man art thou?'

Forthwith this frame of mine was wrenched
With a woful agony,
Which forced me to begin my tale;
And then it left me free.

Since then, at an uncertain hour,
That agony returns:

y me arde el corazón dentro del pecho
hasta que cuento mi historia espantosa.

Como la noche, voy de tierra en tierra.
Tengo un poder extraño de expresión,
y al momento de ver su rostro, siento
que es del hombre que prestará atención:
y le cuento mi cuento.

¡Qué bullicio sale por esa puerta!
Es allí donde están los invitados,
y allá canta la novia en la glorieta,
con sus damas, en el jardín cerrado.
¡Oh! Escucha la campana vespertina
que me llama a rezar.

¡Oh Invitado a la Boda!, esta alma estuvo
solitaria en el ancho, el ancho mar,
y tan sola que ni Dios mismo allí
parecía reinar.

¡Oh! más dulce que una fiesta nupcial,
mucho más dulce todavía,
es para mí llegar hasta la iglesia
en buena compañía.

Llegarme hasta la iglesia en compañía
y rezar allí todos reunidos,
postrados ante el Padre:
ancianos, niños y amigos queridos
y jóvenes colmados de alegría.

Adiós, adiós, pero aún te digo esto,
Invitado a la Boda, mejor reza
quien más quiere a los hombres
y a pájaros y a bestias.

Y mejor reza aquel que mejor quiere
a las cosas pequeñas y grandiosas,
pues el buen Dios, el que a todos nos ama,
lo hizo todo y ama a todas las cosas."

And till my ghastly tale is told,
This heart within me burns.

I pass, like night, from land to land;
I have strange power of speech;
That moment that his face I see,
I know the man that must hear me:
To him my tale I teach.

What loud uproar bursts from that door!
The wedding-guests are there:
But in the garden-bower the bride
And bride-maids singing are:
And hark the little vesper bell,
Which biddeth me to prayer!

O Wedding-Guest! this soul hath been
Alone on a wide wide sea:
So lonely 'twas, that God himself
Scarce seemèd there to be.

O sweeter than the marriage-feast,
'Tis sweeter far to me,
To walk together to the kirk
With a goodly company!—

To walk together to the kirk,
And all together pray,
While each to his great Father bends,
Old men, and babes, and loving friends
And youths and maidens gay!

Farewell, farewell! but this I tell
To thee, thou Wedding-Guest!
He prayeth well, who loveth well
Both man and bird and beast.

He prayeth best, who loveth best
All things both great and small;
For the dear God who loveth us,
He made and loveth all."

El Marinero de ojos chispeantes,
con vieja barba de escarcha cubierta
marchóse; el Invitado a la Boda
se dirigió a la puerta.

Se alejó como un hombre que aturdido
y sin juicio se siente,
y más triste y más sabio
despertó al día siguiente.

The Mariner, whose eye is bright,
Whose beard with age is hoar,
Is gone: and now the Wedding-Guest
Turned from the bridegroom's door.

He went like one that hath been stunned,
And is of sense forlorn:
A sadder and a wiser man,
He rose the morrow morn.

(1798)

JOHN CLARE
(1793-1864)

EL TEJÓN

A medianoche toda la hueste está reunida.
Los niños y los hombres acechan la guarida
del tejón, y tapan con sacos el agujero
y esperan a que pase este viejo pendenciero.
Él llega, oye ... Y ellos lanzan al más fornido.
El viejo zorro suelta el ganso al oír el ruido.
El cazador furtivo tira y el grito lo apresura.
La liebre medio herida jadea en la espesura.
Con un palo se aprestan a golpear al tejón
y lo empujan con perros hacia la población.
La jauría lo muerde todo el día en un cerco.
Ellos ríen con gritos que asustan a los puercos.
Corre el tejón y muerde todo cuanto lo acosa.
¡Ellos gritan y chillan en las calles ruidosas!
Él lanza hacia el tumulto amenazas abiertas
y empuja a los rebeldes contra sus mismas puertas.
De todas partes tiran piedras al animal;
cuando el tejón pelea todo el mundo es rival.
Azuzan a los perros a la lucha más cruenta;
pero el tejón, resuelto, se vuelve y los ahuyenta.
Aunque los perros tengan dos veces su estatura,
en una lucha de horas su victoria es segura.
Los mastines, salvajes en su lucha aguerrida,
se echan y se relamen y se dan a la huida.
El bulldog lo conoce y comienza a temblar:
lo que el tejón agarra no lo vuelve a soltar.
Corre detrás de todos, les busca los talones,
los muerde..., el borracho oscila, grita imprecaciones.
Las madres aterradas alejan a los niños

THE BADGER

When midnight comes a host of dogs and men
Go out and track the badger to his den,
And put a sack within the hole, and lie
Till the old grunting badger passes by.
He comes and hears - they let the strongest loose.
The old fox hears the noise and drops the goose.
The poacher shoots and hurries from the cry,
And the old hare half wounded buzzes bye.
They get a forked stick to bear him down
And clap the dogs and take him to the town,
And bait him all the day with many dogs,
And laugh and shout and fright the scampering hogs.
He runs along and bites at all he meets:
They shout and hollo down the noisy streets.
He turns about to face the loud uproar
And drives the rebels to their very door.
The frequent stone is hurled where'er they go;
When badgers fight, then everyone's a foe.
The dogs are clapt and urged to join the fray;
The badger turns and drives them all away.
Though scarcely half as big, demure and small,
He fights with dogs for hours and beats them all.
The heavy mastiff, savage in the fray,
Lies down and licks his feet and turns away.
The bulldog knows his match and waxes cold,
The badger grins and never leaves his hold.
He drives the crowd and follows at their heels
And bites them through - the drunkard swears and reels.
The frighted women take the boys away,

y los pillos se ríen y azuzan más la riña.
Él trata de irse al bosque, en difícil huida.
Los palos y los golpes detienen su estampida.
Él se enfrenta otra vez al tumulto, a los ruidos,
y muerde a los perros en medio de los aullidos,
y muerde igualmente a todo el que lo perseguía.
Ellos sueltan entonces a toda la jauría.
Al fin hombres y niños lo logran derribar,
y aunque esté casi muerto él los vuelve a enfrentar;
pero vencido y golpeado un quejido profiere,
y cae, afloja sus garras, y gruñe hasta que muere.

The blackguard laughs and hurries on the fray.
He tries to reach the woods, and awkward race,
But sticks and cudgels quickly stop the chase.
He turns agen and drives the noisy crowd
And beats the many dogs in noises loud.
He drives away and beats them every one,
And then they loose them all and set them on.
He falls as dead and kicked by boys and men,
Then starts and grins and drives the crowd agen;
Till kicked and torn and beaten out he lies
And leaves his hold and cackles, groans, and dies.

(1835-37)

THOMAS HOOD
(1799-1845)

LA CANCIÓN DE LA CAMISA

Con dedos cansados y vencidos,
rojo el párpado, hinchado el lagrimal,
una mujer, deshechos los vestidos,
mueve la aguja, el hilo y el dedal.
Cose, cose, cose, aprisa,
pobre, con hambre y con un frío atroz
¡Y mientras "La canción de la camisa"
canta ella triste con doliente voz!

"Trabaja, trabaja, trabaja
desde que al alba el gallo oyes cantar;
trabaja, trabaja, trabaja,
hasta que ves los astros fulgurar.
¿No es esto ser esclava? ¡Es aún más dura
esclavitud que la del turco infiel!
¿Y a una mujer con alma noble y pura
dan los cristianos trato tan cruel?

"Trabaja, trabaja, trabaja
hasta que vueltas tu cabeza da;
trabaja, trabaja, trabaja
hasta que ciega tu mirada está.
Hilván, pespunte, basta; ¡ésa es mi vida!
Basta, pespunte, hilván; ¡no hay compasión!
¡Me rindo al fin sobre el botón dormida,
y coso en sueños el fatal botón!

"Hombres felices a quien el destino
da amor de madre, hermanos o mujer,
lo que gastáis alegres no es el lino,
sino la vida de un humano ser.
Cose, cose, cose aprisa
con pobreza, con hambre y desnudez.
¡Una mortaja al par que una camisa
con hilo doble coso de una vez!

"Mas, ¿por qué en mi dolor nombro la muerte,
fantasma horrible que mi mente vio?

SONG OF THE SHIRT

With fingers weary and worn,
With eyelids heavy and red,
A woman sat in unwomanly rags,
Plying her needle and thread—
Stitch! stitch! stitch!
In poverty, hunger, and dirt,
And still with a voice of dolorous pitch
She sang the "Song of the Shirt."

"Work! work! work!
While the cock is crowing aloof!
And work—work—work,
Till the stars shine through the roof!
It's O! to be a slave
Along with the barbarous Turk,
Where woman has never a soul to save,
If this is Christian work!

"Work—work—work,
Till the brain begins to swim;
Work—work—work,
Till the eyes are heavy and dim!
Seam, and gusset, and band,
Band, and gusset, and seam,
Till over the buttons I fall asleep,
And sew them on in a dream!

"O, men, with sisters dear!
O, men, with mothers and wives!
It is not linen you're wearing out,
But human creatures' lives!
Stitch—stitch—stitch,
In poverty, hunger and dirt,
Sewing at once, with a double thread,
A Shroud as well as a Shirt.

"But why do I talk of death?
That phantom of grisly bone,

No le debo temer, si bien se advierte
que es su esqueleto, al fin, tal como yo.
¡Tal como yo! Con ella me comparo;
tan flaca el hambre me hace aparecer.
¡Dios de bondad! ¿Por qué es el pan tan caro,
y barata la sangre de mujer!

"Trabaja, trabaja, trabaja,
nunca cesa mi aguja ni mi afán;
¿y qué tengo? Un jergón de seca paja,
sucios harapos y mugriento pan.
Una mesa, una silla, un pobre suelo,
el techo abierto, el muro sin papel.
¡Tan desnudo que es para mí un consuelo
cuando mi sombra se proyecta en él!

"Trabaja, trabaja, trabaja
desde el toque del alba a la oración;
trabaja, trabaja, trabaja
como trabaja el reo en su prisión.
Hilván, pespunte, basta; ¡ésa es mi vida!
Basta, pespunte, hilván; ¡no hay compasión!
Hasta quedar la mente confundida,
seca la mano, enfermo el corazón.

"Trabaja, trabaja, trabaja
de diciembre en el frío asolador;
trabaja, trabaja, trabaja
cuando reine el estío y el calor;
y cuando brille el sol de abril y las alas
miro a las golondrinas ensayar,
cual si con la alegría y con sus galas
mis tristezas quisieran aumentar.

"¡Oh, si el ambiente respirar pudiera
de la violeta, el nardo y el clavel!
¡Sobre mi frente ver la azul esfera.
bajo mis pies la hierba del vergel!
¡Si descansar pudiese como un día
antes de la miseria conocer
cuando yo era feliz y no sabía
cuánto hay que trabajar para comer!

I hardly fear his terrible shape,
It seems so like my own—
It seems so like my own,
Because of the fasts I keep;
Oh, God! that bread should be so dear.
And flesh and blood so cheap!

"Work—work—work!
My labour never flags;
And what are its wages? A bed of straw,
A crust of bread—and rags.
That shattered roof—this naked floor—
A table—a broken chair—
And a wall so blank, my shadow I thank
For sometimes falling there!

"Work—work—work!
From weary chime to chime,
Work—work—work,
As prisoners work for crime!
Band, and gusset, and seam,
Seam, and gusset, and band,
Till the heart is sick, and the brain benumbed,
As well as the weary hand.

"Work—work—work,
In the dull December light,
And work—work—work,
When the weather is warm and bright—
While underneath the eaves
The brooding swallows cling
As if to show me their sunny backs
And twit me with the spring.

"O! but to breathe the breath
Of the cowslip and primrose sweet—
With the sky above my head,
And the grass beneath my feet;
For only one short hour
To feel as I used to feel,
Before I knew the woes of want
And the walk that costs a meal!

"¡Si pudiera tener sólo una hora
de dulce tregua! No para el amor,
no para ir tras la ilusión traidora,
sino para entregarme a mi dolor.
Mi corazón el llanto aliviaría;
mas, ¡ay! ni aún me es lícito llorar...
¡Tal vez alguna lágrima podría
la aguja, el hilo o la labor manchar!

"Hilván, pespunte, basta;
basta, pespunte, hilván;
trabaja, trabaja, trabaja
como el motor movido por vapor
—mecanismo de hierro y de madera
que ofrece a la Codicia su labor—
sin un alma que piense y desespere,
sin un corazón que sienta y se quiebre."

Con dedos cansados y vencidos,
rojo el párpado, hinchado el lagrimal,
una mujer, deshechos los vestidos,
mueve la aguja, el hilo y el dedal.
Cose, cose, cose aprisa,
pobre, con hambre y con un frío atroz.
Escuche el rico que en alfombras pisa
lo que en esta canción de la camisa
canta ella triste con doliente voz.

"O! but for one short hour!
A respite however brief!
No blesse'd leisure for Love or hope,
But only time for grief!
A little weeping would ease my heart,
But in their briny bed
My tears must stop, for every drop
Hinders needle and thread!

"Seam and gusset, and band,
Band, and gusset, and seam,
Work, work, work,
Like the engine that works by steam!
A mere machine of iron and wood
That toils for Mammon's sake—
Without a brain to ponder and craze,
Or a heart to feel—and break!"

With fingers weary and worn,
With eyelids heavy and red,
A woman sat in unwomanly rags,
Plying her needle and thread—
Stitch! stitch! stitch!
In poverty, hunger, and dirt,
And still with a voice of dolorous pitch,—
Would that its tone could reach the Rich!—
She sang this "Song of the Shirt!"

(1843)

115

JOHN KEATS
(1795-1821)

PRIMER ENCUENTRO CON EL HOMERO DE CHAPMAN

He viajado a muchas regiones de oro
y bellos países y reinos contemplado,
y en las islas del oeste me he encontrado
con bardos que le hacían homenaje a Apolo.

De un vasto dominio a menudo hablaban
que solo regía el hirsuto Homero,
mas nunca respiré su aire sereno
hasta que escuché al claro, al audaz Chapman.

Entonces me sentí como el que ve
la presencia de un planeta ignorado,
como con ojos de águila veía Cortés

al Pacífico —y sus hombres también,
con un feroz presagio en la mirada—,
silencioso en la cumbre de Darién.

ON FIRST LOOKING INTO CHAPMAN'S HOMER

Much have I travell'd in the realms of gold,
And many goodly states and kingdoms seen;
Round many western islands have I been
Which bards in fealty to Apollo hold.

Oft of one wide expanse had I been told
That deep-brow'd Homer ruled as his demesne;
Yet did I never breathe its pure serene
Till I heard Chapman speak out loud and bold:

Then felt I like some watcher of the skies
When a new planet swims into his ken;
Or like stout Cortez when with eagle eyes

He star'd at the Pacific—and all his men
Look'd at each other with a wild surmise—
Silent, upon a peak in Darien.

(1816)

CUANDO TENGO TEMORES

Cuando tengo temores de desaparecer
sin que mi pluma haya en mi alma rica ahondado
ni los libros, impresos, puedan contener
cual graneros llenos el grano dorado.

Cuando veo en la noche estrellada asomar
vastos, oscuros símbolos de una gran creación
y siento que no pueda vivir para trazar
sus sombras con la mano maga de la ocasión.

Y cuando, hermosa criatura de una hora,
siento que no te volveré a mirar
ni gozaré jamás la fuerza encantadora

de este loco amor, entonces en la rada
del ancho mundo, a solas, me detengo a pensar
hasta que Amor y Fama se hunden en la Nada.

WHEN I HAVE FEARS THAT I MAY CEASE TO BE

When I have fears that I may cease to be
Before my pen has glean'd my teeming brain,
Before high-pilèd books, in charactery,
Hold like rich garners the full ripen'd grain;

When I behold, upon the night's starr'd face,
Huge cloudy symbols of a high romance,
And think that I may never live to trace
Their shadows with the magic hand of chance;

And when I feel, fair creature of an hour,
That I shall never look upon thee more,
Never have relish in the faery power

Of unreflecting love – then on the shore
Of the wide world I stand alone, and think
Till love and fame to nothingness do sink.

(1818)

A UN RUISEÑOR

Me duele el corazón y sufren mis sentidos
como un letargo que los entumeciera,
cual si hubiese cicuta o una droga bebido
hace un minuto, y en aguas del Leteo me hundiera.
No porque de tu alegre suerte esté envidioso:
es la gran alegría que en tu alegría siento.
Pues tú eres de los árboles la Dríada ligera
        que desde algún ramaje melodioso
de los verdes hayales y las sombras sin cuento,
cantándole al verano le das tu voz entera.

¡Oh, un sorbo del fresco vino que se almacena
por años, bajo tierra, me quisiera tomar!
Que tenga gusto a Flora, a bailes, a cantar
provenzal, campo verde y alegría morena.
¡Oh, un vaso del cálido sur colmado,
lleno del verdadero, ruboroso hipocrás,
los bordes rebosantes de burbujas y espumas,
y mi labio de púrpura manchado;
beberlo, dejar el mundo y no ser visto más
y perderme contigo por los bosques con brumas.

Perderme en la distancia, disolverme, olvidar
lo que nunca conociste tú entre las hojas
(las fiebres, las fatigas y congojas);
aquí donde los hombres se oyen sollozar,
donde sus canas tristes las sacude un temblor
y muere la juventud flaca y pálida como
un espectro, y de pensar nos llenan las tristezas
y las desesperanzas con párpados de plomo,
donde sus ojos claros no guarda la belleza
ni penará por ellos ningún constante amor.

¡Vuela más lejos, lejos que yo te seguiría
no en el carro de Baco y sus leopardos,
sino en las invisibles alas de la Poesía,
aunque vacila torpe mi mente y me retardo!

ODE TO A NIGHTINGALE

My heart aches, and a drowsy numbness pains
My sense, as though of hemlock I had drunk,
Or emptied some dull opiate to the drains
One minute past, and Lethe-wards had sunk:
'Tis not through envy of thy happy lot,
But being too happy in thine happiness,—
That thou, light-wing'd Dryad of the trees
        In some melodious plot
Of beechen green, and shadows numberless,
Singest of summer in full-throated ease.

O, for a draught of vintage! that hath been
Cool'd a long age in the deep-delved earth,
Tasting of Flora and the country green,
Dance, and Provençal song, and sunburnt mirth!
O for a beaker full of the warm South,
Full of the true, the blushful Hippocrene,
With beaded bubbles winking at the brim,
        And purple-stained mouth;
That I might drink, and leave the world unseen,
And with thee fade away into the forest dim:

Fade far away, dissolve, and quite forget
What thou among the leaves hast never known,
The weariness, the fever, and the fret
Here, where men sit and hear each other groan;
Where palsy shakes a few, sad, last gray hairs,
Where youth grows pale, and spectre-thin, and dies;
Where but to think is to be full of sorrow
        And leaden-eyed despairs,
Where Beauty cannot keep her lustrous eyes,
Or new Love pine at them beyond to-morrow.

Away! away! for I will fly to thee,
Not charioted by Bacchus and his pards,
But on the viewless wings of Poesy,
Though the dull brain perplexes and retards:

¡Contigo estoy! Tierna es la noche y la Luna
tal vez esté en su trono de Reina entre sus damas,
rodeada de su enjambre de Hadas luminosas,
      y aquí no hay luz alguna
salvo esa que en las brisas el cielo da a las ramas
sombrías y a las sendas serpeantes y musgosas.

No puedo ver qué flores extienden a mis pies
ni qué suave incienso cuelga entre los ramajes,
mas sé que en la sombra fragrante, una a una, está el mes
llenando de dulzuras a las frutas salvajes
y a los sotos y yerbas y al espino nevado
y a las rosas silvestres, que hace florecer,
y a violetas que pronto mueren en la espesura,
y a la hija mayor de mayo ya mediado,
esa rosa naciente cargada de frescura
con insectos de estío en el atardecer.

En las sombras escucho, y si más de una vez
de la muerte serena casi estuve prendado
y con muy tiernos nombres en versos la llamé
para que diera al aire mi aliento sosegado,
ahora como nunca fuera hermoso morir,
marcharme a medianoche sin ningún sufrimiento,
en tanto tú derramas el alma toda afuera
      en ese arrobamiento
y seguirías cantando y no te podría oír,
vuelto para tu requiem yerba de la pradera.

¡Ave inmortal, no fuiste para morir creada
ni te huellan tampoco hambrientas generaciones!
La voz que en esta breve noche oigo, fue escuchada
en los tiempos antiguos por reyes y pastores.
Quizá canción igual fue la que penetrara
el triste corazón de Ruth, llorando, detenida
en trigales ajenos, nostálgicos pesares,
      la misma que hechizara
los mágicos balcones sobre espuma de mares
con borrascas en tierras de Hadas y de Olvido.

Already with thee! tender is the night,
And haply the Queen-Moon is on her throne,
Cluster'd around by all her starry Fays;
                    But here there is no light,
Save what from heaven is with the breezes blown
Through verdurous glooms and winding mossy ways.

I cannot see what flowers are at my feet,
Nor what soft incense hangs upon the boughs,
But, in embalmed darkness, guess each sweet
Wherewith the seasonable month endows
The grass, the thicket, and the fruit-tree wild;
White hawthorn, and the pastoral eglantine;
Fast fading violets cover'd up in leaves;
                    And mid-May's eldest child,
The coming musk-rose, full of dewy wine,
The murmurous haunt of flies on summer eves.

Darkling I listen; and, for many a time
I have been half in love with easeful Death,
Call'd him soft names in many a mused rhyme,
To take into the air my quiet breath;
Now more than ever seems it rich to die,
To cease upon the midnight with no pain,
While thou art pouring forth thy soul abroad
                    In such an ecstasy!
Still wouldst thou sing, and I have ears in vain—
To thy high requiem become a sod.

Thou wast not born for death, immortal Bird!
No hungry generations tread thee down;
The voice I hear this passing night was heard
In ancient days by emperor and clown:
Perhaps the self-same song that found a path
Through the sad heart of Ruth, when, sick for home,
She stood in tears amid the alien corn;
                    The same that oft-times hath
Charm'd magic casements, opening on the foam
Of perilous seas, in faery lands forlorn.

¡Olvido! esta palabra como campana suena
y me aleja de ti hacia mis soledades.
Adiós, la fantasía no resulta tan buena
engañadora, y es su fama, elfo de falsedades.
¡Adiós, adiós! que tu doliente himno se va ya
apagando en los prados y el callado arroyuelo,
y la cima del monte hasta quedar sumido
entre las sendas del cercano valle.
¿Fue una visión o un sueño en mi desvelo?
La música voló. ¿Estoy o no dormido?

Forlorn! the very word is like a bell
To toll me back from thee to my sole self!
Adieu! the fancy cannot cheat so well
As she is fam'd to do, deceiving elf.
Adieu! adieu! thy plaintive anthem fades
Past the near meadows, over the still stream,
Up the hill-side; and now 'tis buried deep
 In the next valley-glades:
Was it a vision, or a waking dream?
Fled is that music: —Do I wake or sleep?

(1819)

LA BELLE DAME SANS MERCI

Oh, ¿qué puede aquejarte, caballero,
tan solitario y pálido vagando?
Los juncos en el lago se han secado.
No hay pájaros cantando.

Oh, ¿qué puede aquejarte, caballero,
que caminas tan hosco y preocupado?
Está lleno el granero de la ardilla.
La cosecha ha acabado.

Yo veo el lirio que en tu frente tiene
rocío de fiebre y humedad de angustia,
y la pálida rosa en tus mejillas
ya pronto estará mustia.

Yo me encontré a una dama en la pradera,
y de gran hermosura: hija de un Hada.
Tenía pelo largo y pies ligeros
y salvaje mirada.

Le tejí una guirnalda a su cabeza
y brazalete y ceñidor florido;
y ella me contempló cual si me amara
y dio un dulce gemido.

En mi manso corcel yo la hice sentar
y no vi nada más en la jornada,
pues ella se inclinaba y me cantaba
una canción de Hadas.

Las más exquisitas raíces me buscó,
y miel silvestre y rocío de maná,
y me dijo segura en lengua extraña:
"Yo te amo de verdad."

A su gruta de elfos me condujo
y allí echóse a llorar y a suspirar,
y sus feroces, sus feroces ojos

LA BELLE DAME SANS MERCI

O what can ail thee, knight-at-arms,
Alone and palely loitering?
The sedge is withered from the lake,
And no birds sing.

O what can ail thee, knight-at-arms,
So haggard and so woe-begone?
The squirrel's granary is full,
And the harvest's done.

I see a lily on thy brow,
With anguish moist and fever-dew,
And on thy cheeks a fading rose
Fast withereth too.

I met a lady in the meads,
Full beautiful—a faery's child,
Her hair was long, her foot was light,
And her eyes were wild.

I made a garland for her head,
And bracelets too, and fragrant zone;
She looked at me as she did love,
And made sweet moan.

I set her on my pacing steed,
And nothing else saw all day long,
For sidelong would she bend, and sing
A faery's song.

She found me roots of relish sweet,
And honey wild, and manna-dew,
And sure in language strange she said—
"I love thee true."

She took me to her Elfin grot,
And there she wept and sighed full sore,
And there I shut her wild wild eyes

logré a besos cerrar.

Y allí en arrullos me dejó dormido,
y allí, ¡qué desventura!, soñaría
yo el último sueño que tuviera
en la ladera fría.

Vi a reyes pálidos y vi a príncipes,
vi a pálidos guerreros, y les oí
que gritaban: "¡Ya te tiene cautivo
La Belle Dame sans Merci!"

Vi en las tinieblas sus hambrientos labios
que en el aviso horrible se entreabrían,
y desperté aquí donde me encuentro:
en la ladera fría.

Es por eso que vivo en estas tierras
tan solitario y pálido vagando.
Aunque en el lago estén secos los juncos
y no haya pájaros cantando.

With kisses four.

And there she lullèd me asleep,
And there I dreamed—Ah! woe betide!—
The latest dream I ever dreamt
On the cold hill side.

I saw pale kings and princes too,
Pale warriors, death-pale were they all;
They cried—"La Belle Dame sans Merci
Thee hath in thrall!"

I saw their starved lips in the gloam,
With horrid warning gapèd wide,
And I awoke and found me here,
On the cold hill's side.

And this is why I sojourn here,
Alone and palely loitering,
Though the sedge is withered from the lake,
And no birds sing.

(1819)

PERCY BYSSHE SHELLEY
(1792-1822)

A UNA ALONDRA

Yo te saludo, ¡espíritu dichoso!
—pájaro nunca fuiste—
que derramas desde el cielo, o cerca de él,
tu corazón tan lleno
de melodías, con arte no estudiado.

Más alto y aún más alto
desde la tierra te alzas
como nube de fuego
y en el azul revuelas
y cantando te elevas y elevándote cantas.

En los rayos dorados
del sol en el poniente,
ya cubierto de nubes deslumbrantes,
tú flotas y te mueves
como un gozo incorpóreo que corriera.

El rojo pálido del atardecer
se funde con tu vuelo.
Como estrella del cielo
en pleno día
te haces invisible y aun así
yo escucho la delicia aguda de tu voz,

fina como las flechas
de la esfera de plata
cuya intensa luz mengua
ante el fulgor del día
y aunque apenas la vemos, sentimos que allí está.

Toda la tierra y aire
se llena de tu voz,
como cuando en la noche despejada,
desde una sola nube,
la luna con sus rayos inunda todo el cielo.

TO A SKYLARK

Hail to thee, blithe Spirit!
Bird thou never wert,
That from Heaven, or near it,
Pourest thy full heart
In profuse strains of unpremeditated art.

Higher still and higher
From the earth thou springest
Like a cloud of fire;
The blue deep thou wingest,
And singing still dost soar, and soaring ever singest.

In the golden lightning
Of the sunken sun,
O'er which clouds are bright'ning,
Thou dost float and run;
Like an unbodied joy whose race is just begun.

The pale purple even
Melts around thy flight;
Like a star of Heaven,
In the broad day-light
Thou art unseen, but yet I hear thy shrill delight,

Keen as are the arrows
Of that silver sphere,
Whose intense lamp narrows
In the white dawn clear
Until we hardly see, we feel that it is there.

All the earth and air
With thy voice is loud,
As, when night is bare,
From one lonely cloud
The moon rains out her beams, and Heaven is overflow'd.

No sabemos qué eres.
¿A quién te nos pareces?
De las nubes del iris
no caen gotas tan claras
como esa lluvia de melodías
que caen cuando tú estás.

¿Serás un poeta oculto
en la luz del espíritu
que improvisa sus himnos
hasta que el mundo siente
los miedos y esperanzas que nunca presintiera?

¿O acaso una doncella
en la torre de un palacio
que calma sus pesares de amor
secretamente, con música tan dulce
como el amor, y sus sonidos inundan su refugio?

Tal vez una luciérnaga
que en medio del rocío
esparce inadvertida
sus aéreos colores
entre yerbas y flores que la ocultan.

¿O quizás una rosa,
entre sus verdes hojas,
desflorada por los cálidos vientos,
hasta que su excesivo perfume
embriaga a los ladrones alados en su vuelo?

El son de los chubascos
de primavera, en la yerba luciente,
las flores por la lluvia reavivadas,
todo cuanto hubiese
de alegre, fresco, tu música supera.

Confíanos, pájaro o espíritu,
tus dulces pensamientos.
Nunca he oído un elogio
de amor o vino
que se expresara en rapto tan divino.

What thou art we know not;
What is most like thee?
From rainbow clouds there flow not
Drops so bright to see
As from thy presence showers a rain of melody.

Like a Poet hidden
In the light of thought,
Singing hymns unbidden,
Till the world is wrought
To sympathy with hopes and fears it heeded not:

Like a high-born maiden
In a palace-tower,
Soothing her love-laden
Soul in secret hour
With music sweet as love, which overflows her bower:

Like a glow-worm golden
In a dell of dew,
Scattering unbeholden
Its aëreal hue
Among the flowers and grass, which screen it from the view:

Like a rose embower'd
In its own green leaves,
By warm winds deflower'd,
Till the scent it gives
Makes faint with too much sweet those heavy-winged thieves:

Sound of vernal showers
On the twinkling grass,
Rain-awaken'd flowers,
All that ever was
Joyous, and clear, and fresh, thy music doth surpass.

Teach us, Sprite or Bird,
What sweet thoughts are thine:
I have never heard
Praise of love or wine
That panted forth a flood of rapture so divine.

Coros de himeneo
o cantos de victoria
comparados al tuyo no serían
más que alarde vacío,
algo en que sentimos ya la oculta disonancia.

¿Qué objetos son la fuente
de tu alegre melodía?
¿Qué campos o montañas o qué olas?
¿Las sombras de qué cielos o llanuras?
¿Y qué amor a tus hermanos? ¿Qué ignorancia de penas?

En tu claro disfrute
no puede haber tristezas.
La sombra de un disgusto
nunca llegó hasta ti.
Amas, pero el hastío de amor nunca lo conociste.

Aun despierta o dormida
pensarás de la muerte
cosas más verdaderas y hondas
que aquellas que soñamos los mortales.
¿Cómo si no podrían fluir tus notas
en esa corriente cristalina?

Miramos antes y después
y sufrimos por lo que no tenemos:
nuestra risa más franca
de algunos suspiros se ha llenado.
¡Nuestros más dulces cantos siempre hablan de pesares!

Y si aún nos burláramos
 de odio, orgullo o miedo
y fuéramos nacidos
para nunca derramar una lágrima,
aun así no sabría de qué modo acercarme a tu gozo.

Mejor que la medida
de ritmos deliciosos,

Chorus Hymeneal,
Or triumphal chant,
Match'd with thine would be all
But an empty vaunt,
A thing wherein we feel there is some hidden want.

What objects are the fountains
Of thy happy strain?
What fields, or waves, or mountains?
What shapes of sky or plain?
What love of thine own kind? what ignorance of pain?

With thy clear keen joyance
Languor cannot be:
Shadow of annoyance
Never came near thee:
Thou lovest: but ne'er knew love's sad satiety.

Waking or asleep,
Thou of death must deem
Things more true and deep
Than we mortals dream,
Or how could thy notes flow in such a crystal stream?

We look before and after,
And pine for what is not:
Our sincerest laughter
With some pain is fraught;
Our sweetest songs are those that tell of saddest thought.

Yet if we could scorn
Hate, and pride, and fear;
If we were things born
Not to shed a tear,
I know not how thy joy we ever should come near.

Better than all measures
Of delightful sound,

mejor que los tesoros
que los libros encierran,
toda tu maestría será para el poeta,
¡oh tú, que eres del suelo gran escarnecedor!

Si en algo me mostraras
la dicha que conoces,
tal locura armoniosa
saldría de mi boca
que el mundo escucharía, como yo escucho ahora.

Better than all treasures
That in books are found,
Thy skill to poet were, thou scorner of the ground!

Teach me half the gladness
That thy brain must know,
Such harmonious madness
From my lips would flow
The world should listen then, as I am listening now.

(1820)

GEORGE GORDON, LORD BYRON
(1788-1824)

ELLA VA EN SU BELLEZA

Ella va en su belleza tal como entra
la noche en zonas claras y radiantes;
y lo mejor de sombra y luz se adentra
en sus ojos y aviva su semblante:
así esa tierna luz logró purificar
lo que el cielo le niega al día vulgar.

Un rayo menos, una sombra más
habrían dañado esa gracia innombrable
que ondula en la negrura de sus trenzas
o el rostro alumbra de un fulgor amable,
donde el pensamiento con dulzura expresa
cómo es su interior de puro y adorable.

Y sobre esta ceja, y sobre esta mejilla
tan suave y serena, aunque tan elocuente;
la sonrisa que triunfa, el color que brilla,
hablan de un pasado virtuoso y sonriente,
de un alma en paz con su vida sencilla,
de un corazón con su amor inocente.

SHE WALKS IN BEAUTY

She walks in beauty, like the night
Of cloudless climes and starry skies;
And all that's best of dark and bright
Meet in her aspect and her eyes;
Thus mellowed to that tender light
Which heaven to gaudy day denies.

One shade the more, one ray the less,
Had half impaired the nameless grace
Which waves in every raven tress,
Or softly lightens o'er her face;
Where thoughts serenely sweet express,
How pure, how dear their dwelling-place.

And on that cheek, and o'er that brow,
So soft, so calm, yet eloquent,
The smiles that win, the tints that glow,
But tell of days in goodness spent,
A mind at peace with all below,
A heart whose love is innocent!

(1814)

SONETO SOBRE CHILLÓN

¡Espíritu inmortal del alma sin cadenas!
En las cárceles brilla, Libertad, tu fulgor;
y allí habitas el centro del corazón que llenas,
corazón que sólo puede encadenar tu amor.

Cuando tus hijos son lanzados a prisiones
—¡Prisiones!: días sin fin, fría humedad y tormento—,
con su martirologio conquistan naciones
y tu fama encuentra alas en cualquier viento.

¡Chillón!, tu prisión es ahora sitio sagrado,
y tu triste suelo, altar — porque fue pisado
por Bonnivard, que allí sus huellas imprimió

cual si fuese tierra o césped el pavimento.
Nadie piense nunca en borrarlas ni un momento.
Ellas apelan, desde la tiranía, a Dios.

SONNET ON CHILLON

Eternal Spirit of the chainless mind!
Brightest in dungeons, Liberty! thou art,
For there thy habitation is the heart,
The heart which love of thee alone can bind;

And when thy sons to fetters are consigned
To fetters, and the damp vault's dayless gloom,
Their country conquers with their martyrdom,
And Freedom's fame finds wings on every wind.

Chillon! thy prison is a holy place,
And thy sad floor an altar, for 'twas trod,
Until his very steps have left a trace

Worn, as if thy cold pavement were a sod,
By Bonnivard! May none those marks efface!
For they appeal from tyranny to God.

(1816)

YA NO SEREMOS MÁS LOS VAGABUNDOS

Ya no seremos más los vagabundos
  que tan tarde la noche recorrían,
a pesar de que aún ama el corazón,
  de que la luna brilla todavía.

Porque la vaina de la espada se gasta,
  porque en el pecho se desgasta el alma,
porque debe tener su tregua el corazón
  y el propio amor su calma.

Aunque la noche fue hecha para amar
  y enseguida aparece el alba inoportuna,
ya no seremos más los vagabundos
  a la luz de la luna.

SO, WE'LL GO NO MORE A ROVING

So, we'll go no more a roving
  So late into the night,
Though the heart be still as loving,
  And the moon be still as bright.

For the sword outwears its sheath,
  And the soul wears out the breast,
And the heart must pause to breathe,
  And love itself have rest.

Though the night was made for loving,
  And the day returns too soon,
Yet we'll go no more a roving
  By the light of the moon.

  (1817)

Made in the USA
Columbia, SC
25 September 2019